PETER SELG

«Eine grandiose Metamorphose»

*Zur geisteswissenschaftlichen
Anthropologie und Pädagogik des Jugendalters*

W0188267

Sonntag Nachmittag:

Die Erziehung und der Unterricht aus
Einsicht in die notwendige Neugestaltung
des Lebens: Es ist eine neue Erziehungs-
Kunst notwendig. ‖ Der Staat kann wenn er
die Erziehungsziele bestimmt,
Der Mensch muß in ein neues Leben
passen.

Man muß aus Menschenerkenntnis,
Menschenliebe, Menschenbildekunst heraus
unterrichten und erziehen.

Die Menschen = Entwickelungs = Epochen.

Notizbucheintragung Rudolf Steiners zum Vortrag vom 31.8.1919
_(GA 297, S. 290)_

Peter Selg

«Eine grandiose Metamorphose»

Zur geisteswissenschaftlichen
Anthropologie und Pädagogik des Jugendalters

Verlag am Goetheanum

Der Verlag am Goetheanum im Internet: www.VamG.ch

Einbandgestaltung von Gabriela de Carvalho unter Verwendung
einer Notizbucheintragung Rudolf Steiners (GA 297)

Satz: Heiko Hanekop
Druck und Bindung: Freiburger Graphische Betriebe

ISBN 3-7235-1237-2

Gewidmet
den Freien Waldorfschulen
zur Erinnerung an
Rudolf Steiner

Es handelt sich darum, die ganze [Jugend-]Pädagogik und die ganze [Jugend-]Didaktik in ein elementares Gefühl zusammenzufassen, so dass Sie [als Erzieher] gewissermaßen in Ihrer Seele die ganze Schwere und Wucht der Aufgabe empfinden: *Menschen hineinzustellen in diese Welt*. Ohne das wird unsere Waldorfschule nur eine Phrase bleiben. Wir werden alles Schöne sagen über die Waldorfschule, aber wir werden auf einem durchlöcherten Boden stehen, bis solche Löcher so groß werden, dass wir keinen Boden mehr haben, auf dem wir herumgehen können.

Wir müssen die Sache innerlich wahrmachen.

Rudolf Steiner, 17.6.1921 (302, 94f.[1])

Es muss, wenn von Dr. Steiners Verhältnis zur Waldorfschule gesprochen wird, auch sehr viel Persönliches und Intimes aus der Waldorfschule gesagt werden. Aber schließlich haben die Menschen ja auch ein Recht darauf, solches zu erfahren.

Caroline von Heydebrand, 1927[2]

Inhaltsverzeichnis

Vorwort

> Wir reden hier viel vom Waldorfschulprinzip, von
> neuer Pädagogik. Das Wichtigste ist, dass man im
> Wachstum bleibt. Jeden Tag ist die Gefahr vorhan-
> den, dass die Dinge sauer werden. – Das ist es,
> worauf es ankommt, dass man nicht vom Kleben an
> den Gewohnheiten einschläft, wenn man etwas tun
> soll, etwas bereiten soll. (217a, 184f.)

Die nachfolgende Schrift beruht auf dem überarbeiteten
und um einen Anhang erweiterten Manuskript eines Vortrages über geisteswissenschaftliche Gesichtspunkte zur
Anthropologie und Pädagogik des Jugendalters, den ich auf
Einladung der «Stiftung Jugend» am 13.11.2004 in der Waldorfschule Freiburg-Wiehre gehalten habe.

Das Ziel der mündlichen Darstellung war es nicht, als Fach-
arzt für Kinder- und Jugendpsychiatrie über die spezifisch
veränderte Situation des Jugendlichen zu Beginn des
21. Jahrhunderts oder über generationale Eigenheiten und
Gefährdungen zu sprechen, sondern die fundamentale Kri-
sen-Struktur[3] des Reifealters und der aus ihr sich ergeben-
den pädagogischen Herausforderungen anhand von Rudolf
Steiners Werk zu erhellen. Gewahrt und vor die allgemeine
Aufmerksamkeit gestellt werden sollte die besondere Intensität und Klarheit von Steiners entsprechenden Aussagen
und Perspektiven, die in ihrer Aktualität ganz offensichtlich
wenig eingebüßt haben. Auch nicht im Hinblick auf den
Grad des Offengebliebenen bzw. Nichteingelösten vieler

mit der Stuttgarter Waldorfschulgründung verbundenen Intentionen – wie die Mitschriften der Lehrerkonferenzen zeigen, war Steiners letztes Zusammentreffen mit dem Kollegium im August 1924 ebenso wie verschiedene Konferenzen in den vorausgegangenen Jahren von den teilweise gravierenden Schwierigkeiten bestimmt, die einer Realisierung der angestrebten Pubertäts- und Adoleszenzpädagogik innerhalb der Schule im Wege standen. Diese Schwierigkeiten betrafen nicht die von Steiner differenziert, das heißt altersspezifisch ausgearbeiteten Unterrichtsinhalte der Reifezeit und auch nicht ausschließlich die intendierten, aber unter anderem aus Geldmangel gescheiterten Werk- und Weiterbildungsprojekte, sondern oft genug das individuelle Auftreten der Lehrenden und ihren wiederholt unzulänglichen Umgang mit den Jugendlichen. Sie betrafen damit letztlich das Verständnis des Jugendalters selbst – ein Verständnis bzw. eine anthroposophisch-anthropologische Erkenntnis als Voraussetzung einer adäquaten, sich selbst überprüfenden, das heißt hinterfragenden und weiter verwandelnden Haltung und Beziehungsgestalt von Seiten des verantwortlich Erziehenden. Rudolf Steiner wollte in dieser Situation ergänzende Schulungskurse für das Stuttgarter Lehrerkollegium abhalten, Kurse, die infolge seiner Erkrankung und dem Ende März 1925 eintretenden Tod aber nicht mehr zustande kamen. Die Lehrerkonferenzen der Stuttgarter Waldorfschule enden mit diesem ebenso entschieden-vermächtnishaften wie sachlich ernüchternden Ausblick.

Es ist unschwer zu erkennen, dass die im Zusammenhang der damaligen Konferenzen von Rudolf Steiner aufgeworfenen Fragen und Aufgaben – in vordergründig modifizierter, insgesamt aber wohl lediglich weiter verschärfter Form – bis heute existieren und einer notwendigen Bewältigung entgegensehen. Dass das Jugendalter besondere Anforderungen an den verantwortlichen Pädagogen stellt, ist evident; Anforderungen, die keineswegs durch den Rekurs auf die Anthroposophie oder auf irgendwelche anderen Inhalte beantwortet werden können, sondern die Person des Erziehenden in Frage stellen – im Hinblick auf seine reale Weltkenntnis und -verankerung, seine eigene Reife und Authentizität, aber auch auf seinen pädagogischen Willen, sich auf eine von wirklichem Interesse geprägte Begegnung einzulassen und dabei nicht zuletzt den inneren Abgrund zu realisieren und auszuhalten, der ihn und seine Lebenserfahrungen von der konkreten Situation seines jugendlichen Gegenübers trennt. Rudolf Steiner wollte im Herbst 1924 über die Moral einer künftigen Erziehung im Jugendalter sprechen, wollte *«einen neuen Einschlag»* geben; zu diesen Ausführungen hätten möglicherweise auch methodisch weiterführende Hinweise über die Anforderungen einer Pädagogik gehört, die den jungen Menschen nicht nur in eine gegebene Zivilisationswelt *«hineinzustellen»* versucht, sondern darüber hinaus in ihm realiter vorhandene Zukunftskräfte antizipieren und ermutigen muss.

Die nachfolgenden, eng am konkreten Wortlaut Rudolf Steiners orientierten und vielfach zitierenden Darstellungen wurden in der methodischen Annahme konzipiert und ausgerichtet, dass bereits die vorhandenen pädagogischen und entwicklungsphysiologischen Ausführungen Steiners für den Aufbau einer notwendigen pädagogischen Moral des Jugendalters essentielle Gesichtspunkte liefern – sofern sie in anthroposophischen Kreisen nicht als lediglich «bekannt» vorausgesetzt, sondern in ihrem Zusammenhang wirklich fundamental verstanden und in ihrer ganzen Existenzialität verinnerlicht werden. Konzentriert man sich auf die einzelnen und durchweg präzisen Inhalte von Steiners Formulierungen und bezieht dieselben auf die selbst zugänglichen Erfahrungen, so kann individuell Entscheidendes in Bewegung kommen – und zwar sowohl auf der Erkenntnis- wie auf der Handlungsebene.

Zugleich ist mir bewusst, dass die kurze Niederschrift – wie auch der ihr zugrunde liegende Vortrag – einen notwendigerweise aphoristischen Charakter vorweist, vieles verkürzt und – intentional – verdichtet. Sie ist als solche im Sinne einer spezifischen Anregung gedacht und vor dem Hintergrund des übrigen pädagogischen und anthropologischen Werkes Rudolf Steiners zu sehen, auch vor der reichhaltigen und substantiellen Literatur zur Jugendfrage innerhalb und außerhalb der Waldorfpädagogik; diese Literatur ist eines wirklichen Studiums wert, führt allerdings mitunter auch von jenem Existentiell-Wesentlichen und Initiativ-Impulsiven weg, das zur Charakteristik von Steiners Präsenz in der Stuttgarter Waldorfschule gehörte[4] und Inhalt der nachfolgenden Seiten ist. Hingewiesen sei aber zumindest auf die vorbildliche Ausarbeitung von Erhard Fucke über die Lehrplankonzeption Rudolf Steiners für die Pubertäts- und Adoleszenzzeit *Grundlinien einer Pädagogik des Jugendalters*[5] und die verschiedenen Grundlagenstudien von Karl-Martin Dietz, darunter auch seine Übersichtsarbeit *Erziehung in Freiheit. Rudolf Steiner über Selbständigkeit im Jugendalter*[6].

Mein eigener Beitrag beginnt mit einer Betrachtung jener physiologischen Entwicklungsbewegung, die den Anbruch der Jugendzeit markiert und auf Voraussetzungen ruht, die in den ersten beiden Lebensjahrsiebten zu legen sind. Es sollte bei der Annäherung an die viel besprochenen Pubertäts- und Adoleszenzphänomene nicht vergessen werden, dass jegliche manifeste Jugendkrise *auch* im Zeit- und Sinn-kontext der vorangegangenen Entwicklungsjahre, -wege und -versäumnisse gesehen und verstanden werden muss. Das Jugendalter führt das Individuum an spezifische Um-brüche und Herausforderungen heran – ob und in welcher Weise sie bewältigt werden können, aber entscheidet sich nicht primär an der Jugendphase selbst, sondern vor allem an *den* Kräften und Vorbedingungen, die seinem Anbruch vorausgingen und damit in den ersten beiden Jahrsiebten veranlagt werden konnten (*«Diese tragen wir später in uns. Wir tragen ja immer alles in uns.»* Steiner; 218, 325). – Die Ar-beit endet dagegen mit drei Schriftstücken, die in je eigener Weise den Vorschein der Zukunft in der Gegenwart the-matisieren, darunter eine kostbare Schilderung von Rudolf Steiners letzten beiden Begegnungen mit der ersten Ab-schlussklasse der Freien Waldorfschule, mit den Jugend-lichen, ihren Berufswünschen und Lebenssorgen. Auch die späteren Zeugnisse von Ita Wegman und Eugen Kolisko, die ärztlich, schulärztlich und pädagogisch eng mit Rudolf Steiner zusammengearbeitet hatten und in seinem Sinne weiter wirkten, sind von einer wegweisenden und meines Erachtens bis heute vorbildlichen Bemühung durchdrun-gen, junge Menschen für die eigene Zeitgegenwart und kommende Zukunft vorzubereiten, das heißt verantwort-lich *«in die Welt hineinzustellen»*. Mit dem Erreichen dieses, keinesfalls im Sinne einer Anpassung misszuverstehenden pädagogischen Zieles steht und fällt nicht nur die künftige Existenz der Freien Waldorfschulen und das Lebensschick-sal des einzelnen Jugendlichen, sondern ganz offensichtlich dasjenige der menschenwürdigen Zivilisation selbst.

*

Mein Dank gilt *Peter Matthiessen* für die lehrreiche Mitarbeit auf der von ihm aufgebauten und inhaltlich geführten adoleszenzpsychiatrischen Abteilung des Gemeinschaftskrankenhauses Herdecke in den Jahren 1993–2000. Auch meinen ärztlichen Kollegen *Peter Sailer, Ilka Deppe* und *Peter Milek* sowie der Mitarbeiterschaft der Station 4 Ost sei für viele gemeinsame Erfahrungen im therapeutischen Umgang mit schweren Krisen der uns anvertrauten jugendlichen Patienten gedankt. Diese Erfahrungen bilden ebenso wenig wie die am Ende verzeichnete Sekundärliteratur den expliziten Gegenstand der vorliegenden Schrift, sensibilisierten jedoch für die Kräftekonstellation des Jugendalters in Gesundheit, Krankheit und Heilung sowie deren begriffliche Klarlegung in Rudolf Steiners entwicklungsphysiologischem Werk, darüber hinaus für verschiedenste Versäumnisse der Erziehung bzw. für Formen einer individuell misslungenen Entwicklungshilfe, auch im Bereich der praktizierten Waldorfpädagogik. Die Wertschätzung der oft vorbildlichen Arbeit, die nach wie vor in verschiedenen Waldorfschulen geleistet wird, sollte nicht in apologetischer Wendung dazu führen, die zu Lebzeiten Rudolf Steiners ebenso wie in der Gegenwart vorhandenen Probleme im Umgang mit dem Jugendalter – bzw. dem «Wesen des einzelnen Jugendlichen» (Dietz[6a]) – zu verleugnen, sondern dieselben in ihrer herausfordernden Fragestellung weiter zu durchdringen und einer initiativen, zukunftsoffenen Bearbeitung entgegenzuführen. Diesbezügliche Ansätze liegen im Sinne der «fortwirkenden Intentionen der Waldorfpädagogik» (Fucke[7]) durchaus vor und zeigen positive Ergebnisse[8] – «*Im Tun neigen sich die Götter*» (Ita Wegman).

Ita Wegman Klinik, Arlesheim   *Peter Selg*
Januar 2005

I.

«Eine grandiose Metamorphose»

Zur Kräftekonstellation des Jugendalters

> Mit der Geschlechtsreife tritt etwas ganz Neues ein,
> und im Grunde genommen ist der Mensch nach der
> Geschlechtsreife ein anderes Wesen als vorher.
>
> (303, 236)

Das Jugendalter markiert eine Entwicklungsepoche des Menschen, die in ihrem Krisenreichtum, ihren Abbrüchen und Übergängen, ihrer Gefährdung und Freiheitsdimension unvergleichlich in der Werdegeschichte des Individuums steht und in gewisser Hinsicht den eigentlichen Anbeginn der irdisch-verantwortlichen Existenz mit sich bringt, ja in diesem selbst besteht.

Rudolf Steiner zufolge reinkarniert sich die aus kosmischen Höhen und Umraumsphären stammende Geistseele in umschriebenen Werdeetappen in das Leibesgefüge, beginnend mit der – an die embryonalen wie fötalen Prozesse anschließende – Epoche der *Sinnesreife*[9], dem Zeitraum des ersten Lebensjahrsiebtes. In ihm dominiert die Wahrnehmungsexposition der Seele, ja der ganzen kindlichen Organisation, die in Hingabe an ihre jeweiligen Umgebungsprozesse lebt – in der Fortsetzung von spirituellen Nachahmungs- und Mitvollzugsvorgängen des vorirdisch-kosmischen Daseins.[10] Physiologisch ereignet sich darunter die weitere Ausreifung des Nerven-Sinnessystems[11], und damit des oberen Pols eines menschlichen Organismus, dessen inkarnierende Ergreifung durch die einzelne Individualität sich konsequent in abwärtsführender Ausrichtung vollzieht. Das Kind des ersten Lebensjahrsiebtes ist – wie Rudolf Steiner in wiederkehrender Akzentuierung und Konkretisierung beschrieb – ganz Sinnesorgan[12], existiert in grenzenlosem, wahrhaftem Vertrauen auf seine Um- und Mitwelt, damit auch und in erster Linie auf seine nächsten Bezugspersonen; es erfährt die Welt an ihnen personalisiert, lebt mithin in *ihrer* Welt, deren Einverwandlung sich sukzessive ereignet, in physischer wie moralischer Hinsicht.

Nach Erreichen des Zahnwechsels vollzieht sich dann ein deutlicher Umschwung der physiologischen Inkarnations- und seelischen Entfaltungsgeste zu Gunsten des Rhythmischen Systems[13] und damit der Mitte des Leibesorganismus.[14] Wenn auch immer noch in essentiell tragenden Umgebungsbezügen stehend, entwickelt das Kind zunehmend das Erlebnis des seelischen Innenraums, der gefühlten Selbstwahrnehmung; ganz aus den Kräften des sich weiter ausbildenden Herz-Atmungssystems bzw. der *Atemreife* lebend und von ätherischen Gesundheitskräften durchwirkt, erfährt es sich in anfänglicher Weise selbst, verinnerlicht den zuvor vollständig offenen Weltbezug und findet – bei entsprechend förderlichen Umständen, oft aber auch trotz schwerer Irritationen und Traumen – fühlend zu sich. In der «Mitte der Kindheit» wie des eigenen Organismus angekommen[15], bereitet das Individuum damit den nachfolgenden Jugend-Schritt in die Erdenwelt vor – den Weg von der innerphysiologisch erlebten und umweltlich erfahrenen Schönheit und Harmonie[16] des zweiten Lebensjahrsiebtes zur gelebten, individuell verantworteten Moralität, die sich in der kämpferischen Auseinandersetzung mit den irdischen Lebensumständen anfänglich konfiguriert und bewährt. Stand die Muskulatur des Kindes in der Mitte der Kindheit noch in innigem Bezug zu den Rhythmusprozessen der Atmung und der Zirkulation und gestaltete dadurch eine durch und durch harmonische Bewegungsgestalt, so vollzieht sich am Übergang in die *Erdenreife* ihre Ausrichtung zum knöchernen Skelett (*«da wenden sich die Muskeln von ihrem intimen Verhältnis zum Atmungs- und Zirkulationssystem ab und wenden sich zum Knochensystem, zum Skelett hin, entwickeln sich so, dass sie sich von da ab an das Skelett anpassen.»* 303, 204) – ein physiologischer Vorgang, der den Durchbruch des Individuums in eine von irdischen Gesetzen durchwirkte Sphäre anzeigt:

> [Der Mensch] arbeitet sich durch das Atmungs-, durch das Zirkulationssystem bis zum Knochenansatz der Muskeln durch. Er arbeitet sich ganz an seine menschliche Peripherie heran und bricht mit der Geschlechtsreife in die Außenwelt hinein. Er steht erst dann voll in der Außenwelt darinnen. (303, 238)

Erst mit Erreichung dieser Stufe der Inkarnationsbewegung verfügt die menschliche Geistseele über eine reale Beziehung zu den Erdenverhältnissen und vermag Irdisches ihrer eigenen Organisation realiter einzugliedern, erfährt dabei auch das Anorganische und Kausale, den Zwang und den Tod. In einem Vortrag sagte Rudolf Steiner am 19.1.1922 im Hinblick auf den skizzierten Gesamtvorgang der ersten Lebensjahrsiebte:

> Was ist am Kinde am regsten? Gerade die Gehirntätigkeit! Von dieser strahlt die plastische Gestaltung des ganzen Leibes aus. Am regsten ist diese bis zum Zahnwechsel. Beim Zahnwechsel überträgt sich diese Bildungsfähigkeit auf das Atmungs-Herzsystem, und bis zur Geschlechtsreife hat man es mit diesem zu tun. […] Die Muskeln bilden sich so innerlich zwischen dem siebenten und vierzehnten Jahre aus, dass das dem Rhythmischen System angepasst ist. Und wenn das vierzehnte Jahr herannaht, dann erst erfasst das Seelisch-Geistige den ganzen Menschen,

und es ist interessant zu verfolgen, wie vorher die Muskeln sich gerichtet haben nach dem Herzschlag, Pulsschlag und Atmen. So fangen sie dann an, sich durch die Sehnen mit den Knochen zu befreunden, mit dem Skelett, und passen sich den äußeren Bewegungen an. [...] Vom Kopf geht es aus, das Seelische wächst immer weiter und weiter der Oberfläche des Menschen zu und ergreift zuletzt die Knochen, füllt dann den Menschen ganz aus und verbraucht ihn, befreundet sich immer mehr und mehr mit den Absterbekräften, bis diese Absterbekräfte im Moment des Todes den Sieg davontragen. (210, 233f.)

Das von Steiner genannte *Hineinwachsen* in die Erdenkräfte (348, 55) bzw. die *Befreundung* mit den Erden- und Todeskräften, die der jugendliche Mensch physiologisch bis in seine Leiblichkeit hinein zu leisten gezwungen ist, damit aber die gesamte *«grandiose Metamorphose»* seiner Existenz (303, 242) bedeutet einen radikalen, wenn auch entwicklungsphysiologisch vorbereiteten und in sich unabdingbar notwendigen Verlust der bis dahin tragenden geistig-seelischen Welt:

Man kann das ohne Übertreibung sagen, denn es ist die reine Wahrheit: der Mensch wird mit der Geschlechtsreife aus dem geistig-seelischen Leben der Welt herausgeworfen und hineingeworfen in die äußerliche Welt [...]. Und wenn das auch durchaus nicht klar in das Bewusstsein herauftritt, im Unterbewussten spielt es eine um so größere, eine um so intensivere Rolle. Im Unterbewusstsein spielt es eine solche Rolle, dass nun der Mensch – wie gesagt, unterbewusst oder halbbewusst – die Welt, die er betritt, vergleicht mit der Welt, die er früher in sich gehabt hat. Er hat sie früher in sich nicht vollbewusst wahrgenommen, aber er fand die Möglichkeit in sich, mit ihr zu arbeiten. Das Innere des Menschen gibt die Möglichkeit, frei mit einer Überwelt zu arbeiten, frei mit einem Geistig-Seelischen zu arbeiten. Die äußere Welt gibt das nicht. Da gibt es alle möglichen Hemmungen, da gibt es die Wünsche, diese Hemmungen zu überwinden. Da gibt es den ganzen Tumult, der in dem Verkehre zwischen Mensch und Welt zwischen dem vierzehnten und fünfzehnten Jahre und dem Beginn der Zwanzigerjahre eintritt.

Dieser Tumult muss da sein, und man muss während der ganzen vorhergehenden Erziehung auf diesen Tumult hinschauen, der notwendigerweise entstehen muss. Menschen, die vielleicht übertrieben elegisch veranlagt sind, können glauben, es sei gut, wenn man dem Menschen diesen Tumult erspart. Dadurch wird man aber gerade sein größter Feind. (303, 238f.)

*

Ebenso wie das sich ausreifende Nerven-Sinnes- und Rhythmische System im dominanten Zentrum der Lebensentwicklung im ersten und zweiten Jahrsiebt standen, so entfaltet nun das Stoffwechsel-Gliedmaßensystem als Erdenorganisation und Willensträger seine eigentliche und die Epoche des Jugendalters prägende Wirksamkeit. Das Stoffwechsel-Gliedmaßensystem[17] als *Willensorganisation* (Steiner) kommt zum physiologischen Durchbruch – der jugendliche Mensch verlässt die behütete und weitgehend harmonische Sphäre seines Innenraums und gelangt in die unaufschiebbare – bzw. nur in pathologischen Entwicklungsläufen gehemmte, das heißt verzögerte und verzerrte – Begegnung und Auseinandersetzung mit Außenkräften. Sein Willensvermögen ist nicht länger in der Leibesgestaltung gebannt und durch diese absorbiert, sondern erfährt eine partielle Befreiung als Voraussetzung einer qualitativ neuen, von Willensqualitäten bestimmten Weltbezogenheit, aber auch jeglicher Idealbildung und an dieser orientierten Handlungsbereitschaft. Innerphysiologisch ereignen sich dabei nachdrückliche Kräfteumlagerungen – Steiner zufolge gliedern sich die gesteigerten Begehrens- und Willenskräfte des Stoffwechsel-Gliedmaßensystems in den Organismus ein, durchstrahlen den Organismus geradezu von unten nach oben, schlagen herauf und durchwirken den Leib. Sie konstituieren in einem neu aufzufindenden Gleichgewicht der Systeme, Kräfte und Prozesse die physiologische Situation von Gesundheit und Krankheit ab der *Erdenreife*[18]; zugleich erfahren die aufstrebenden Kräfte und Prozesse einen notwendigen «Stau» und eine dadurch ermöglichte «Verseelung» in den Bezirken der Rhythmischen Organisation bzw. der Kehlkopf- und Sprachregion[19] und bewirken eine Veränderung des gesamten Sprachinstrumentes und -vermögens:

> Man lernt erkennen die äußere physische Offenbarung eines Geistig-Seelischen, und man lernt erkennen das Sich-Lokalisieren der Willensnatur in der Kehlkopfnatur, man lernt beobachten das Hineinschießen des Willens in die menschliche Sprache. (301, 23)

> Dasjenige, was der Mensch an Verwandlung seiner Stimmlage aufbringt, ist etwas ihm von außen, von der Welt Aufgedrängtes, das ist etwas, wodurch er sich mit seinem innersten Wesen in die äußere Welt hineinstellt. Es ist einfach, dass nun beim Kehlkopf nicht nur die Weichteile nach der Anlehnung an die Knochen hinarbeiten, sondern es ist ein leises Verknöchertwerden des Kehlkopfes selber, was da auftritt, und im Grunde genommen dadurch ein Herausgehen des Kehlkopfes aus dem bloßen inneren Menschensein in das Weltsein. (303, 242f.)

Der jugendliche Mensch beginnt, seine eigene Sprache in der Auseinandersetzung mit den Welt- und Erdenkräften zu finden[20], wird umgekehrt aber auch von diesen bedrängt und bedroht. Sein Sprach- und Atemorganismus wird als integraler Bestandteil des Rhythmischen Systems zu einem Ort der Auseinandersetzung der Innen- und Außenwelt, in einem zuvor nicht annähernd gekannten oder auch nur geahnten Ausmaß. Aber auch der – dem Sprachorganismus benachbarte und mit diesem in einer inneren Werdegemeinschaft stehende[21] – Herzensorganismus wird von tiefgreifenden Veränderungen erfasst. Wie Rudolf Steiner im Einzelnen beschrieb, erfährt das Herzorgan bereits in den vorbereitenden Jahren der *Erdenreife* nachhaltige physiologische Wandlungs- und Umbauprozesse, die letztlich dazu führen, dass das Herz ab der Reifezeit des Jugendalters zu einem Organ der Verinnerlichung von Handlungsvollzügen und –intentionen werden kann. Die Taten, aber auch die intentionalen Absichten des Menschen schreiben sich Steiner zufolge ab der Pubertät dem Herzorganismus ein, dessen Stellung als realer Ermöglichungsort der individuellen Schicksalsgestaltung sich in dieser Zeit entfaltet.[22]

*

Auf der übergeordneten, den bisher skizzierten Vorgängen wirkend zugrunde liegenden Ebene der Wesensglieder beschrieb Rudolf Steiner die «grandiose Metamorphose» des Jugendalters als die Ausbildung des physiologisch notwendigen Zusammenklanges der menschlichen Geistseele mit der physischen Lebensleiblichkeit, im engeren Sinne als das sukzessive Eingreifen und nachfolgende Sich-Befreien des Astralleibes vom Zusammenhang der organischen Lebensprozesse. Auf den Bahnen der Nerven, so Rudolf Steiner, zieht die Seelenleiblichkeit bereits im Verlauf des zweiten Lebensjahrsiebtes sukzessive in den physiologischen Wirkensraum, konzentriert sich aus ihrer zuvor bestehenden Hüllenfunktion des Umraums in zentripetaler Richtung und erreicht mit dem «letzten Ruck» des Stimmbruches und dem Einsetzen der Geschlechtsreife die vollendete und den Metamorphose- bzw. Befreiungsprozess einleitende Stufe ihrer Leiborientierung[23]. Dieser komplizierte *Lebens*prozess wird vom Jugendlichen *er-lebt* – der Astralleib (und das

23

ihm in gewisser Hinsicht immanente Ich) erfühlt sich in dieser Umlagerungsbewegung selbst und erfährt sein Ringen um den notwendigen Zusammenhang mit der physisch-ätherischen Leiblichkeit. Von einem *«Aufsuchen eines Verhältnisses zwischen dem [physisch-ätherisch] Objektiven und [geistig-seelisch] Subjektiven»* sprach Rudolf Steiner in diesem Kontext (302, 74)[24] und betonte dabei wiederholt die geschlechtsspezifischen Nuancen bzw. tendenziell unterschiedlichen Erfahrungsweisen dieser Vollzüge bei Jungen und Mädchen. Im Rückblick auf die bereits vorhandenen Differenzen im zweiten Lebensjahrsiebt sagte Steiner beispielsweise am 25.8.1922 im Rahmen eines internationalen pädagogischen Kongresses in Oxford:

> Wir konnten schon darauf hinweisen, welche Differenz eintritt zwischen Knaben und Mädchen so gegen das 10. Lebensjahr hin. Da beginnen die Mädchen stärker zu wachsen, namentlich auch stärker in die Höhe zu wachsen. Die Knaben bleiben im Wachstum etwas zurück bis zum Geschlechtsreifealter. Da überholen wiederum die Knaben die Mädchen.
>
> Für denjenigen, der aus einer wirklichen Menschenerkenntnis heraus, die Geist, Seele und Leib umfasst im innigen Miteinanderwirken, beobachtet, für den bedeutet das sehr viel; denn es ist in dem Wachsen, namentlich in der Überwindung der Schwerkraft der Erde durch das Wachsen, etwas Fundamentales aus der Menschennatur gegeben. Und wiederum auf der anderen Seite ist etwas Fundamentales damit gegeben, ob irgend etwas in den Lebenserscheinungen des Menschen in der einen oder in der anderen Lebensepoche eintritt. Es ist deshalb so, dass gewisse kosmische, außermenschliche Wirkungen, die von der Außenwelt in dem Menschen ausgeübt werden, auf den weiblichen Organismus in einer intensiveren Weise zwischen dem 10. und 14. Jahre wirken als auf den männlichen Organismus. Gewissermaßen lebt sich der weibliche Organismus zwischen dem 10. und 14. Jahre in eine übersinnliche Welt auch körperlich hinein.

Ich bitte das als etwas ganz besonders Wichtiges zu betrachten. Es lebt sich der weibliche Organismus zwischen dem 10. und 12., 13., 14. Lebensjahr als Organismus in etwas Geistiges hinein. Er wird durchgeistigt in dieser Zeit. So dass ihm für diese Zeit bei Mädchen etwas ganz Besonderes mit der Blutentwickelung gegeben ist. Die Blutzirkulation steht, man möchte sagen, in diesen Lebensjahren der ganzen Welt gegenüber. Sie muss sich gewissermaßen an der ganzen Welt, an dem Universum regulieren. Und Beobachtungen einfach auch mit äußeren Instrumenten, die etwa feststellen würden, wie sich das Verhältnis zwischen Pulsschlägen und Atemzügen verändert zwischen dem 10. und 14. Jahre, die würden etwas ganz anderes ergeben für die Mädchennatur als für die Knabennatur.

Der Knabe beginnt mit dem 13., 14. Jahre ein anderes Wesen zu zeigen, als er früher gezeigt hat, und da beginnt er auch das Mädchen an Größe zu überwachsen. Er wächst hinaus. Er holt das wiederum nach, was er früher versäumt hat, aber er holt das nach in einem Zustande, in dem der Mensch ganz anders der Welt gegenübersteht, als er in früheren Lebensjahren gegenübergestanden hat. Daher wird beim Knaben jetzt mehr engagiert das Nervensystem als das Blutsystem. Und so ist es beim Knaben leicht der Fall, dass sein Nervensystem gerade in diesen Jahren überreizt wird, wenn man nicht in der richtigen Weise die Eindrücke des Schulwesens an den Knaben heranbringt. Denn in diesen Jahren hat einen ungeheuren Einfluss auf den Knaben dasjenige, was in der Sprache oder in den Sprachen, die er gelernt hat, liegt. Die menschlichen Vorstellungen, die in der Sprache oder in den Sprachen niedergelegt sind, die dringen gewissermaßen, während der Körper schwächer wächst, sie dringen in den Knaben ein. Und so beginnt mit diesem Lebensalter in dem Knaben die Welt zu rumoren, innerlich zu toben, aber die Welt, die auf der Erde die Umgebung bildet.

Man möchte sagen: dem Mädchen wird etwas von dem ganzen Kosmos, von dem Universum eingepflanzt, etwas früher; dem Knaben wird die Umgebung auf der Erde auf dem Umwege durch die Sprache eingepflanzt. Sie können äußerlich an Symptomen das dadurch wahrnehmen, dass der Knabe seine Stimme verändert. Es geht auf diesem Umwege der Stimmbildung mit der ganzen Organisation des Knaben ungeheuer viel vor sich. Beim weiblichen Organismus tritt diese Stimmveränderung nur in leiser Weise hervor. (305, 164ff.)

Weiter hieß es dann im selben Vortragszusammenhang an späterer Stelle:

In dem Knaben, so um das 14., 15. Jahr herum, tritt einem entgegen ein Mensch, in dem die äußere Umgebung rumort. Ich möchte sagen: die Worte mit ihrem bedeutungsvollen Inhalte, die sind in sein Nervensystem unbewusst eingezogen, die rumoren in seinen Nerven. Er weiß mit sich selber nichts anzufangen, der Knabe. Er hat ja etwas in sich aufgenommen, das ihm gerade im 14., 15. Lebensjahr anfängt, fremd zu erscheinen. Er kommt in ein Staunen hinein, in ein Kritisieren, Skeptizieren gegenüber sich selbst; er kommt in eine Haltlosigkeit gegenüber sich selbst. Und wer die Menschennatur versteht, der weiß, dass dieses merkwürdige zweibeinige Wesen, das auf der Erde herumwandelt und das man Anthropos nennt, dass dieses für keinen Philosophen jemals ein so großes Rätsel war, als es oftmals ist für den fünfzehnjährigen Knaben; denn es umfasst da das Rätselvolle alle Kräfte der menschlichen Seele. Denn dasjenige, was am meisten entfernt liegt vom gewöhnlichen Bewusstsein, der Wille, der ist es, der förmlich anstürmt gegen das Knaben-Nervensystem im 14., 15. Lebensjahre.

Anders ist es beim Mädchen. Und gerade wenn man das recht anstreben will, was mit Recht in der Gegenwart angestrebt wird, und was in der Zukunft kommen muss, die völlige Gleichheit, die Gleichberechtigung der beiden Geschlechter für die Welt, dann muss man einen klaren, unbefangenen Blick haben für die Differenzierung. Nur dadurch kann die Gleichheit realisiert werden, dass man einen klaren, unbefangenen Blick für die Differenzierung hat. Und in demselben Sinne, wie der Knabe sich selber ein Rätsel wird, etwas, das er bestaunt, wird dem Mädchen gerade in diesen Jahren die Außenwelt ein Rätsel. Das Mädchen hat aufgenommen etwas Überirdisches in sich. Es gestaltet sich die ganze Menschenwesenheit unbewusst in dem Mädchen. Dann hat man ein Menschenwesen vor sich mit dem 14., 15. Lebensjahre, das nun vor der Welt erstaunt, das in der Welt die Rätsel findet, das in der Welt vor allen Dingen die Realisierung von Werten finden möchte.

Und so beginnt für das Mädchen gerade mit dieser Lebensepoche an der Außenwelt manches unverständlich zu werden. Beim Knaben wird dann in der Innenwelt viel unverständlich. Beim Mädchen wird in der Außenwelt viel unverständlich. (305, 167f.)

Ein Jahr zuvor, am 16.6.1921, hatte Rudolf Steiner vor dem Kollegium der Stuttgarter Waldorfschule erstmals im Einzelnen über die mit diesen Entwicklungen verbundenen Wesensglieder-Prozesse bei Mädchen und Jungen gesprochen, dort auf die unterschiedliche Wirkungsdynamik von Ich und Astralleib besonders hingewiesen und gesagt:

Was sich nun zunächst [in der Pubertät] geltend macht, das ist, dass beim Mädchen der astralische Leib eine größere Bedeutung hat als beim Knaben.[25] Der astralische Leib hat durch das ganze Leben hindurch beim weiblichen Geschlecht eine größere Bedeutung als beim männlichen Geschlecht. Die ganze weibliche Organisation ist ja durch den astralischen Leib mehr nach dem Kosmos hin organisiert. Durch die weibliche Natur enthüllt und offenbart sich vieles, was eigentlich Geheimnisse des Kosmos sind. Der astralische Leib der weiblichen Natur ist in sich differenzierter, wesentlich reicher gegliedert als der astralische Leib des Mannes, der in gewisser Weise ungegliederter, undifferenzierter, größer ist. Dagegen entwickelt sich das Mädchen zwischen dem 13., 14. und 20., 21. Jahr so, dass sein Ich in einer starken Weise beeinflusst wird von dem, was sich im astralischen Leib gestaltet. Man sieht, wie beim Mädchen das Ich allmählich, man möchte sagen, aufgesogen wird von dem astralischen Leib[26], so dass dann, wenn das 20., 21. Jahr eintritt, beim Mädchen eigentlich ein starker Gegendruck stattfindet, eine starke Anstrengung zum Ich.

Beim Knaben ist das wesentlich anders. Beim Knaben saugt der astralische Leib das Ich viel weniger ein. Es bleibt das Ich zwar

27

verborgen. Es ist noch nicht recht wirksam, aber es bleibt doch, ohne dass es stark beeinflusst wird von dem astralischen Leib, zwischen dem 14., 15. und 20. und 21. Jahr bestehen, so dass der Knabe durch dieses Bestehenbleiben des Ich, Nichtaufgesogenwerden des Ich und doch wieder Nichtselbständigsein des Ich viel leichter in diesem Lebensalter ein Duckmäuser wird als das Mädchen. Das Mädchen bekommt viel leichter in diesem Lebensalter etwas Freies, etwas, was auf äußeres Auftreten hingeht, als der Knabe. Und bei eigentlich tieferen Knabennaturen bemerken wir, dass durch dieses besondere Verhältnis des Ich zum astralischen Leib in diesem Lebensalter etwas auftritt, wie oftmals eine Art Sich-Zurückziehen im Leben. [...] Bei Knaben, bei denen dieses deutliche oder leise Zurückziehen nicht vorhanden ist [...] muss man acht geben. (302, 74f.)

Die zuletzt in der Sphäre der wirkenden und ein neues Gleichgewicht suchenden Wesensglieder beschriebenen Vorgänge vollziehen sich – trotz ihres mitunter expressiven Charakters – im Raum der Verborgenheit, auch in Selbstverborgenheit vor demjenigen, der sie durchläuft, erleidet und gestaltet. Sie vollziehen sich im Schutz des Inneren, eines Schutzes, der phänomenologisch als Scham in Erscheinung treten kann:

Das Schamgefühl ist dasjenige, was die ganze Menschennatur durchzieht; das Schamgefühl, das darin besteht, dass der Mensch fühlt: er muss jetzt etwas in sein individuelles Dasein hineinnehmen, was er der Welt nicht enthüllt; er muss Geheimnisse in sich tragen. Das ist ja das Wesen des Schamgefühls. Und das tritt bis in die allerunbewussteste Phase des seelisch-geistigen Lebens hinein auf. (302, 80)

Auch bei ganz offensichtlich die Umgebung imitierenden, äußerlich nachahmenden und den Anschluss an die Welt expressiv suchenden Jugendlichen dominiert das metamorphosierte Schamgefühl nach Rudolf Steiner weitgehend

28

den Selbstbezug, verbirgt das eigene Innenwesen und ermöglicht dessen weitere Aus- und Umbildung in der Maske des Verfremdeten:

> [Der Jugendliche] geht so wie ein anderer Mensch. Er bemüht sich fein zu sein wie ein anderer Mensch. Es ist dieses ein Anschlusssuchen an die Welt, was hier besonders während der Lümmel- und Flegelzeit zum Ausdruck kommt. Und es ist im Grunde genommen das Sich-Genieren, sein eigenes Wesen ganz der Welt zu enthüllen, das Sich-Zurückziehen in sich selber, das einen anders erscheinen lässt, als man ist. (302, 81)

*

Im Innenraum der seelischen Entwicklung vollziehen sich – parallel zu den physiologischen Veränderungen, in identischer Wirkenseinheit – umfassende Verlagerungen und Modifikationen der Kräfte, die das veränderte Selbst- und Weltverhältnis des Jugendlichen ermöglichen und formen. Schritte der eingreifenden Individuation und Welterschließung gehen intensiv vor sich, im Bereich des Denk- und Willenslebens, aber auch des fühlenden Bezuges zum Umraum.

Basierend auf den entwicklungsphysiologischen und -psychologischen Voraussetzungen der ersten beiden Lebensjahrsiebte und der in ihnen gelebten Gesten der Nachahmung und autoritativen Orientierung (*«Man kann einem Menschen nichts Schlimmeres zufügen, als wenn man zu früh sein eigenes Urteil wachruft. […] In dem jungen Menschen muss der Sinn leben, zuerst zu lernen und dann zu urteilen. Das, was der Verstand über eine Sache zu sagen hat, sollte erst gesagt werden, wenn alle anderen Seelenkräfte gesprochen haben; vorher sollte der Verstand nur eine vermittelnde Rolle spielen. Er sollte nur dazu dienen, das Gesehene und Gefühlte zu erfassen, es so in sich aufzunehmen, wie es sich gibt, ohne dass das unreife Urteil sich gleich der Sache bemächtigt.»* 34, 342f.), ersteht im Jugendalter das sich verselbständigende Denkvermögen und schließlich die freie Urteilsfähigkeit. Diese intellektuelle Reifung benötigt nach Steiner ein vorausgehendes und in sich gefestigtes «Empfinden für die Wahrheit» (*«Es gibt kein gesundes Denken, dem nicht ein auf selbstverständlichen Autoritätsglauben gestütztes gesundes Empfinden für die Wahrheit vorangegangen wäre.»* 34, 342) ebenso wie die im zweiten Lebensjahrsiebt spielerisch (!) erprobte Befreiung vom Vorgegebenen, Traditionellen und bis dahin Bestimmenden. Voraussetzung für die eigene Denk-, Kritik- und Urteilsfähigkeit des Jugendlichen aber ist dann die ab der Pubertät sich ereignende Weltbegegnung des – von seiner organisch-bannenden Aufbauarbeit zunehmend befreiten – Seelenleibes, der dem Individuum ermöglicht, sich der Welt und menschlichen Umwelt in Freiheit zuwenden und gegenüberstellen zu können. Nicht länger sind deren Aussagen und Inhalte als solche durch autoritative Orientierungen oder gar nachahmendes Vertrauen gedeckt und tragend, sondern müssen ebenso wie das bisher Aufgenommene und Gelernte[27] in seinen Gründen aufgewiesen werden, begrifflich fassbar und urteilskräftig nachvollziehbar sein. Gestützt auf seine bis in die Erdenstruktur vorgedrungene Inkarnationsbewegung – der Jugendliche fühlt nun, so Rudolf Steiner, «das Maschinelle des Skelettsystems innerlich» (305, 110) –, verlangt der Mensch nach der *Erdenreife* Kausalität und Logik und erwirbt eine unverzichtbar eigene, mit der biographischen Werdegeste seiner Erdenbiographie verbundene Intellektualität:

> Wir sehen, wie der Mensch eigentlich erst, wenn er die Geschlechtsreife überwunden hat, eigentlich sogar noch später, aus seiner elementaren Natur heraus geeignet wird, zum Intellektualistischen fortzuschreiten. (81, 8f.)

Unzweifelhaft ist, dass viele kognitiv erfassbare Inhalte dem Kind bereits vor dem Eintritt ins Jugendalter angeboten und von ihm in rascher Weise reproduziert und scheinbar «verinnerlicht» werden können; nun aber erst existieren – jenseits von vorzeitigen, indes oft lebenslang wirksamen Festlegungen[28] – die Voraussetzungen für einen wirklich eigenständigen und selbstdurchdrungenen Umgang mit ihnen; einen verantwortlichen Umgang, der als solcher den Boden für die individuelle Freiheitsfähigkeit bereitet und zugleich von dieser abhängig ist.[29]

*

Diese potentielle Freiheitsfähigkeit des Jugendlichen ist nach Rudolf Steiner als solche jedoch keinesfalls mit der Möglichkeit zur eigenen Kritik- und Urteilskraft gleichzusetzen, sondern bedarf zu ihrer positiven Realisierung eines Vermögens zur individuellen *Idealbildung.* Wie Steiner hervorhob, benötigt der sich entfaltende, von intensiven Gefühlsumbrüchen, Emotionen und Strebungen gekennzeichnete Seelenleib des Jugendlichen für den Vorgang der eigenen Konsolidierung konfigurierte und in sich authentische Willensorientierungen *gedanklicher* Art:

> Das muss man ganz voll ernst nehmen. Ideale, diejenigen Begriffe, die einen Willenscharakter haben, Ideale mit Willenscharakter, das ist dasjenige, was wir jetzt als ein festes Gerüst dem astralischen Leib einfügen müssen. (302, 82)

Obwohl der Jugendliche sich in gewisser Weise von der ihn bis dahin selbstverständlich tragenden seelisch-geistigen Welt distanzieren und entfremden muss, prägt eine *«Hinneigung zu einem übersinnlichen idealen Sein»* (302, 122), zu Idealen und ideellen Inhalten dennoch das Jugendalter zuinnerst. Der Mensch in und nach der Erdenreife verfügt über eine neu aufgetretene, mit seiner Willensentfaltung – und der sie ermöglichenden Wärme-Organisation – verbundene Kraft, *«sich hineinzuleben in die Lebensträume»* (143, 123); er verfügt über eine «innere Impulsivität» (82, 42) und ein zuvor unbekanntes, ausgreifendes, in pädagogischer Hinsicht jedoch unbedingt zu förderndes Vermögen, eigene Gestaltungen der «Lebenshoffnung und Lebenssehnsucht» zu entwickeln:

> Nichts ist schlimmer für das spätere Leben, als wenn diese Kräfte bis zum zwanzigsten Jahre nicht da waren. (143, 123)

Diese, dem jugendlichen Dasein «aus sich selbst heraus Richtung und Ziel» gebenden (84, 262) und die gefährliche Fixierung auf die eigene Person potentiell transzendierenden «Lebensträume» entstammen Rudolf Steiner zufolge dem menschlichen Herzen als Zukunfts- und Schicksalsorgan (143, 123); sie sind vorbereitend für das volle Ich-Bewusstsein im 21. Lebensjahr und ermöglichen ein Leben in realer und zugleich phantasiegetragener, schöpferisch antizipierter Zukunftsbezogenheit. Über die physiologische «Geburt» der so verstandenen und in sich gestaltenden Zukunftsphantasie des Jugendalters sagte Rudolf Steiner am 4.1.1922 in Dornach:

> Jetzt, bei der Geschlechtsreife, kommt etwas zu freier seelischer Tätigkeit, das vorher in den Rhythmus der Atmung hineingegangen ist, was sich von da aus noch bestrebte, Rhythmus in das Muskelsystem, sogar in das Knochensystem hineinzubringen. Dieses Rhythmische wird nun frei, und das wird frei als Empfänglichkeit […] für ideale Gebilde, für das Phantasiemäßige. Die eigentliche Phantasie wird im Grunde mit der Geschlechtsreife erst aus dem Menschen herausgeboren werden, wenn der von Zeit und Raum freie astralische Leib geboren wird, der ebenso wie die Träume Vergangenheit, Gegenwart und Zu-

kunft nach inneren Gesichtspunkten durcheinander gruppieren kann. (303, 238f.)

*

Innerhalb des in dieser Weise biographisch gelebten Hineinwachsens in die idealische Sphäre antizipierten Daseins vermag sich der Jugendliche den *Sinn für das Gute* (302, 136) zu erwerben, dessen Voraussetzungen ebenfalls bereits in den vorausgegangenen Entwicklungsepochen und insbesondere im zweiten Lebensjahrsiebt pädagogisch veranlagt werden mussten. In der Mitte der Kindheit erstand – bei entsprechender Förderung und in physiologischer Ausrichtung des Rhythmischen Systems – eine reale *Sympathie* für das Moralische, eine seelische Hinneigung zum Guten, die sich zu diesem Zeitpunkt noch notwendig im personalen Vertrauens- und Autoritätsverhältnis zum Erwachsenen entfalten musste:

> Das Kind müssen wir an uns halten, damit es bis zur Geschlechtsreife das Gute tut. Bis dahin müssen wir durch das gegenseitige Wechselverhältnis so wirken, dass das Kind das Gute tut. Es ist schon notwendig, wenn das elf-, zwölf-, dreizehnjährige Kind das Gute tut, dass so stark die Autorität des Erziehers hinter ihm steht, dass es in dem Moment, wo es das Gute tut, so fühlt, als ob es damit seinen Lehrer und Erzieher zufrieden macht. Und das Schlechte soll es meiden. Es soll fühlen, dass er von irgendeiner unbestimmten Seite kommt und unzufrieden ist. Irgendwo soll es den Erzieher vermuten. So soll es zusammenwachsen mit dem Lehrer und dem Erzieher. Es soll ihm erst mit der Geschlechtsreife entwachsen. (302, 136)

Die Entwicklung der Sympathie für die Moralität und die Antipathie gegen das Böse bzw. das «moralisch-*fühlende* Urteil» (218, 237)[30] gelingt dem Kind des zweiten Lebensjahrsiebtes an der *gelebten* Moral des ihm nahen Erwachsenen («Es wird [pädagogisch] zunächst nicht Moral gelehrt, es wird Moral gelebt.» 304, 177) und steht dabei in innerem Zusammenhang mit der Ausbildung des Schönheitssinnes; das Gute ist für das Kind in der Mitte der Kindheit auch das immanent Schöne, das ästhetisch Vollendete, dem sein Erstaunen und Bewundern gilt. Die Welt hat in diesem Sinne für das Kind eine innere Moralität und Schönheit in ihrer essentiellen Konstitution, wird so am und mit Hilfe des Erwachsenen (als einem «Repräsentanten der Weltenordnung»; 304a, 42) erlebt und als existent vorausgesetzt – erst aufgrund dieser Erfahrungsräume kann sich dann, so Steiner, im Jugendalter ein *«richtiger innerer Begriff von der Wahrheit»* (293, 151) und ein Zielverständnis gelebter Moralität herausbilden (*«Die Schönheit muss für das Volksschulalter und für das spätere Alter des Menschen walten, die Schönheit als die Dolmetscherin der Wahrheit.»* 217, 136). Wie Rudolf Steiner in verschiedenen pädagogischen Vortragszusammenhängen betonte, metamorphosiert sich damit die tragende, von höchstem, kosmischen Vertrauen substantiierte Wahrheits-Idee des ersten Lebensjahrsiebtes in das rhythmusbezogene Schönheiterleben des zweiten Jahrsiebtes und das klar konturierte, von Willenskräften durchwirkte Moralitäts- und Idealverständnis des Jugendalters. Zu den Lehrern der Stuttgarter Waldorfschule sagte er einmal:

> Geradezu eine Sünde ist es, von dem Wahren, Schönen, Guten im abstrakten Sinn zu reden, ohne im konkreten darauf aufmerksam zu machen, wie es im Verhältnis steht zu den einzelnen Lebensaltern. (302, 137)

*

Die Existenz eines intensiv entwickelten Wahrheitsempfindens bzw. des moralisch-intellektuellen Urteils im Jugendalter fundiert als solche wiederum die mögliche – und entwicklungspsychologisch notwendige – Herausbildung eines aus der Sphäre des Ge- und Missfallens herauswachsenden und von innerer Bejahung gekennzeichneten individuellen Pflichtgefühls. Wie Rudolf Steiner herausarbeitete, durchläuft auch dieses, mit der Moralität innerlich verbundene Pflichtgefühl[31] in seiner lebensgeschichtlichen Entfaltung charakteristische Metamorphoseschritte und entfaltet sich aus der verinnerlichten Dankbarkeit und Liebe (im ersten bzw. zweiten Lebensjahrsiebt) unter den veränderten Bedingungen der Jugendzeit. Diese können mit der zuvor charakterisierten Wandlung des gesamten Konstitutionsgefüges der menschlichen Wesenheit den Grund für die nun mögliche Bejahung dessen legen, was der Einzelne als sinnvoll, notwendig und der Realisierung bedürftig erkennt und deswegen mit Liebe in seinen handelnden Willen aufzunehmen vermag:

> Die Liebe ist dasjenige, was sich über alles erstreckt, die der innerste Antrieb zum Handeln ist: wir sollen das tun, was wir lieben. Es soll die Pflicht zusammenwachsen mit der Liebe; wir sollen das gern haben, was wir tun sollen. (302, 135)

> [...] Diesem sogenannten kategorischen Imperativ, wie er aus alten Zeiten, aus alten sittlichen Impulsen herüberkommt, steht gegenüber die Forderung an die Menschheit, aus den Tiefen der Seele heraus gerade die Liebe zu dem, was Handlung, was Tat werden soll, mehr und mehr zu entfalten. (217, 92)

Das gelingende Jugendalter ist damit die beginnende Zeitepoche des ethischen Individualismus, in der der Einzelne von der Liebe, «*die sich ergibt aus der Anschauung der zu realisierenden Tat*», beseelt und motiviert wird (217, 93), damit aber die Existenz der wahren Freiheit in der eigenen Seele realisiert («*Darin erlebt man die Freiheit, dass das Moralische der tiefste eigene Impuls der individuellen Menschenseele ist.*» 310, 118). In dieser individuellen Seele – und *nur* in ihr[32] – können ab der bewältigten Reifezeit moralische Intuitionen erstehen, von deren Existenz und Realisierung nicht nur die eigentliche Zukunft des Individuums, sondern auch diejenige der gesellschaftlichen Prozesse in immer stärkerem Maße abhängt («*Ich fand mich genötigt, zu sagen: Alle Zukunft der menschlichen Ethik hängt davon ab, dass die Kraft der moralischen Intuition mit jedem Tage stärker werde. Damit war auch gesagt, dass wir mit Bezug auf die moralische Pädagogik überhaupt nur vorwärtskommen, wenn wir die Kraft der moralischen Intuition in der menschlichen Seele immer mehr stärken, wenn wir das einzelne menschliche Individuum immer mehr und mehr dahin bringen, sich bewusst zu werden, was in seiner Seele an moralischen Intuitionen ersprießen kann. […] Die alten Intuitionen waren immer Menschengruppen in ihrem Zusammenhange gegeben. Die neuen Intuitionen, die jetzt erarbeitet werden müssen, müssen auf dem Schauplatz jeder einzelnen, individuellen Menschenseele erarbeitet werden; das heißt, jeder einzelne Mensch muss selbst zum Quell des Sittlichen gemacht werden. Das muss aus dem Nichts, dem man sich gegenübergestellt sieht, durch die Intuitionen selber herausgeholt werden.*» 217, 59/79). Es ist die Aufgabe der Erziehung im Jugendalter – als einer Erziehung *in* Freiheit und *zur* Freiheit (Dietz) –, die moralischen Intuitionen des jungen Menschen zu fördern, d. h. ihn mithelfend zu befähigen, «sein eigenes Wesen als ein erwachendes» wahrzunehmen (305, 74)[33] und ihn damit für seine gesamte zukünftige Erdenbiographie entscheidend zu stärken («[…] Dieser Moment des Erwachens wird der Quell einer Kraft sein, die im ganzen folgen-

den Leben nachwirkt.» 305, 74). Die so verstandene Freiheitsfähigkeit des Jugendlichen ist als reale Selbsterfahrung
ein untergründig tief spirituelles Erlebnis und der erlebte
Beginn einer realen Rückverbindung mit der geistigen Welt.
Am 29.8.1922 sagte Rudolf Steiner zusammenfassend:

> Darauf muss alle Erziehung hinauslaufen, diese moralischen
> Intuitionen zu wecken, so dass jeder Mensch fühlt von sich: Ich
> bin nicht von dieser Erde allein, ich bin nicht bloß ein Produkt
> der physischen Vererbung, ich bin aus den geistigen Welten
> heruntergestiegen auf die Erde und habe etwas zu tun auf die-
> ser Erde als dieser einzelne individuelle Mensch. (305, 225)

*

Gestalten sich solchermaßen die Denk-, Urteils- und Willenskräfte des Jugendlichen ab der Reifezeit weiter aus und
konfigurieren eine völlig neue Epoche seiner individuellen
Werdegeschichte, so gilt Gleiches auch für die Verwirkli-
chungssphäre seines fühlenden Weltbezuges. Rudolf Steiner
zufolge erscheint in der Zeit des Reifealters (trotz einer vordergründig oft von Emotionen und egozentrisch anmuten-
den Begehren gekennzeichneten oder überlagerten Seelen-
verfassung) erstmals die fundamentale Zuwendungs- und
Liebesfähigkeit des Menschen – nicht im Sinne einer lediglich hingabevollen Öffnung zum Umraum oder einer auf-
schauenden Orientierung an ihm (wie in den vorangegangenen Entwicklungsetappen[34]), sondern als *freie soziale Hingabe* (192, 193) und als reale Verbindung des eigenen
Inneren mit der Innenwelt des Gegenübers. Nach Steiner
ist diese Entfaltung einer – so verstandenen und in sich ge-
neralisierten – Liebeskraft bzw. Liebesfähigkeit ein essen-
tielles Charakteristikum der *Erdenreife*, gehört zur evolu-
tionären Entwicklung des Menschenwesens auf Erden und

zur kosmisch-planetarischen Zukunft. Die ab der Pubertäts-
zeit einsetzende gegengeschlechtliche Bindung ist Teil dieser universalen Liebesfähigkeit und *Erdenreife*, ist ihr – entgegen allen «kulturellen» Verfremdungen – zugehörig und
untergeordnet:

> Der Mensch tritt mit dem Durchgang in die Geschlechtsreife in
> die Kraft des Liebens für alles dasjenige, was in seiner Umge-
> bung ist, ein. Nur eine besondere Nuance, ein Herausgehobenes
> aus dem allgemeinen Lieben ist die Liebe zwischen Mann und
> Weib. Nur wenn man sie in dieser Spezialisierung ansieht, dann
> versteht man sie eigentlich recht, und dann versteht man auch
> recht ihre Aufgabe in der Welt. (303, 243)

In der Jugendzeit, so Rudolf Steiner, wird eine seelische
Hingabekraft frei und tritt wirksam in die Außenwelt; eine
Liebeskraft, die bis dahin schaffendes Prinzip der inneren
Organisation gewesen war («*[...] Was sich dann draußen
geltend macht, ist ja zwischen dem 7. und 14. Lebensjahr
tiefstes Wachstums- und Wesensprinzip des Menschen; es
west und lebt ja im Innern. [...] Die Liebe wirkt innerlich in
dem Kinde, die dann äußerlich Liebe wird in der Sexualität.*»
310, 120[35]) und sich damit aus weiterverwandelten, ursprünglich naturhaften Willenskräften konstituiert. Die unmittelbare Orientierung dieser Liebeskraft der Pubertät
und Adoleszenz bildet oft ein einzelnes Gegenüber, dem die
ganze Aufmerksamkeit und sekundär auch das begehrende
Vermögen (bzw. das in das Willensleben aufgenommene
Liebegefühl) zugewendet wird – dennoch ist mit Rudolf
Steiner nicht zu übersehen, dass die jugendliche Liebesfähigkeit einen in sich weiteren Horizont vorweist, letztlich
nicht lediglich einem einzelnen Menschen gilt, sondern den
Menschheitskräften als solchen, aus denen heraus sich der
Einzelne individualisiert. Über dieses Verhältnis des heran-

wachsenden Menschen zur Menschheit sagte Rudolf Steiner am 4.1.1922 im Hinblick auf die ersten drei Lebensjahrsiebte:

> Was tritt denn eigentlich mit der Geschlechtsreife im Menschen auf? Bisher war ihm die Menschheit so gegeben, dass er sie nachahmen konnte, dass er unter ihrer Autorität stehen konnte. Sie wirkte von außen in ihn herein, denn alles dasjenige, was in ihm war, kam ja im Grunde genommen von dem, was er sich schon aus dem präexistenten Leben mitgebracht hatte. Die Menschheit als Ganzes wirkte vom Ganzen in ihn herein. Zunächst indem er sie nachahmte, dann indem er unter ihrer Autorität stand. Jetzt, nachdem er selber den Weg zur Menschheit gefunden hat, nachdem die Menschheit nicht mehr auf ihn zu wirken braucht in der Weise, wie das früher der Fall war, jetzt tritt Empfindung, Gefühl für das Allgemein-Menschliche in sein Inneres herein, und dieses ist das Gegenstück dazu, dass der Mensch fortpflanzungsfähig wird. Er ist in der Lage, Menschen aus sich hervorzubringen im physischen Sinne; geistig-seelisch kommt er in die Lage, in sich die ganze Menschheit zu erleben. (303, 243)

Was in diesem Sinne zum Zeitpunkt der Erdenreife entsteht und sich bei günstigen Bedingungen sukzessive weiterentfalten kann, ist *«das Gefühl der sozialen Liebe»* (192, 193) bzw. die *«Kraft der allgemeinen Menschenliebe»* (296, 21), die als solche die essentielle Voraussetzung jeder weitergehenden Brüderlichkeit ist und von Rudolf Steiner als das *«Allerwichtigste […], was es für das Menschenleben gibt»* (192, 193) bezeichnet wurde. Der Jugendliche mag noch so sehr dem schwierigen Tumult des eigenen, von aufsteigenden Willensimpulsen, Selbstzweifeln und Emotionen chaotisierten Seelenlebens temporär befangen sein und durch einen äußerlichen Betrachter mit diesem vorschnell identifiziert werden; was sich in den von ihm durchlaufenen Prozessen realiter ausbilden kann und will, sind jedoch seelisch-geistige Organe für die Erschließung und zukünftige Realisierung einer echten Humanität. Mit dem Eintritt in die eigentliche Zeit- und Schicksalsgestalt seiner Erdenbiographie[36] bekommt der junge Mensch einen intuitiven Zugang zu der menschheitlich-moralischen Dimension des irdischen Daseins, spürt die folgenreiche Verantwortlichkeit der individuellen, sozialen und gesamtzivilisatorischen Prozesse – und dies auch dann, wenn er die als notwendig erlebten (oder gar kritisch eingeforderten) Verhaltensweisen und Handlungsschritte selbst noch keineswegs verbindlich vollziehen kann und in vielem hinter den von ihm selbst formulierten, idealistisch geprägten Ansprüchen zurückbleiben muss. [37]

*

2.
«Wir müssen die Sache innerlich wahrmachen»
Motive einer Pädagogik des Jugendalters

> Richtig in der Erziehung werden wir erst wirken, wenn wir uns ein gewisses Schamgefühl aneignen werden, wenn wir uns schämen werden, über Erziehung zu reden. Es ist eine verblüffende Sache, aber es ist so: das heutige Reden über Erziehung wird einmal von einer künftigen Menschheit als schamlos angesehen werden. Heute redet jeder über Erziehung und über das, was er da für das Richtige hält. Aber Erziehung ist nicht etwas, was sich so in Begriffe fassen lässt, ist nicht etwas, dem man mit Theoretisieren beikommt. (217, 179f.)

Die Pädagogik des Jugendalters muss den Charakteristiken einer extremen Übergangsepoche gerecht werden, in ihren Inhalten und Formen; sie muss die «Ethik» der von ihr etablierten Beziehung angesichts jener Kräfte und Prozesse entwickeln, die zuvor andeutend skizziert worden waren. Die *Intimitäten der pädagogischen Kunst* (217, 152) entfalten sich, Steiner zufolge, in dem subtilen Zwischenraum einer Ich-Du-Begegnung – keinesfalls in diffus-allgemeinmenschlicher Orientierung, sondern im Rahmen einer ausgesprochen spezifischen Aufgaben-, Alters- und Beziehungssituation.

Unter den vielen Gesichtspunkten, die innerhalb der pädagogischen Förderung und Begleitung von Jugendlichen in grundlegender und durchgehender Weise zu berücksichtigen sind, imponiert ihre radikal erwachte Urteils- und Kritikfähigkeit mit an vorderster (und damit beziehungsgestaltender) Stelle. Deren pädagogische Herausforderung besteht nach Rudolf Steiner keinesfalls in einer lediglich angefragten (und gegebenenfalls unerbittlich abgefragten) Wissensgrundlage, sondern vielmehr in der darin zum Vorschein kommenden Grundfrage nach der Begründbarkeit der Welt und der Sinnhaftigkeit der eigenen Existenz. Wie Steiner wiederholt deutlich machte, schwingen in vielen – gestellten wie ungestellten – Fragen der Reifezeit metaphysische Dimensionen des Daseins mit, darunter Weisen einer unterschwelligen, aber nichtsdestoweniger existentiellen Verunsicherung und möglichen Negation. Pädagogisch unmittelbar zu begründen oder ansichtig zu machen ist dabei weniger das ontologische Sein an sich, sondern der sehr konkrete Seinszustand der gegebenen Welt und vieler ihrer Inhalte – nicht im Sinne einer harmonisierenden Rechtfertigung, aber doch im Hinblick auf ihren inneren Sinnkontext und -horizont:

> Man muss [als Pädagoge] so in der Sache drinnenstehen, dass man jetzt die vollgültigen Gründe für die Dinge anzuführen in der Lage ist. Tritt einem [als Jugendlichem] gerade in diesem Lebensalter durch den Menschen eine nichtbegründete Welt von Inhalten entgegen, treten einem Zustände entgegen in der Welt, die unvernünftig empfunden werden und denen gegenüber man so empfindet, dass man sich sagt: Was ich bisher gelebt habe, bevor ich die Welt betreten habe, ist ja eigentlich sinnlos, denn das alles führt mich in eine Welt, die ja unvernünftig ist –, findet man da nicht den Anschluss an Menschen, die nun wiederum die Vernünftigkeit der Welt wenigstens bis zu einem gewissen Grade begründen können, dann wird der innere Sturm zu groß, dann verliert [der Jugendliche] den inneren Halt. Denn dieser freigewordene astralische Leib, der ist eben nicht von dieser Welt. Aus seiner Welt ist der Mensch herausgeworfen, und er will sich in diese Welt nur hineinstellen, wenn diese Welt es begründen kann, dass sie auch da ist. (303, 240f.)

Unübersehbar viele der in dieser Weise von Jugendlichen gemachten Erfahrungen einer sie und ihr Ziel verfehlenden Jugend-Pädagogik spielen sich im Unterbewussten ab und zeitigen gravierende Folgen – *«in Gefühlen heraufwogend, in sich abstumpfenden Willensimpulsen heraufwogend, sich auslebend in enttäuschten Idealen, in enttäuschten Wünschen, sich auslebend in einem gewissen Stumpfwerden vielleicht gegenüber dem, was sich in der unvernünftigen Außenwelt darstellt.»* (303, 241)

Die offensichtliche Irrationalität der von den Jugendlichen primär erfahrenen Lebenswelt bedarf einer inneren, in das geschichtliche Werden eindringenden Begründung («[Der Jugendliche] muss durch die Art des Unterrichtes und der Erziehung die Außenwelt mit ihren Gesetzmäßigkeiten sehen, mit ihrem Verlaufe, mit ihren Ursachen und Wirkungen, mit ihren Absichten und Zielen.» 302a, 76); sie bedarf damit auch der intellektuellen Auflösung gewordener Strukturen und Zustände und deren Rückführung in ihre jeweilige Werdens-Geschichte, ihre je eigene (und der nachträglichen Einsicht potentiell zugängliche) Sinnstruktur und -kontinuität – bis hin zur Rückführung politischer Ideologien auf ihre philosophischen oder gegebenenfalls biologisch-darwinistischen Theoreme, die deren Entstehung zugrunde lagen und gravierende Handlungskonsequenzen zeitigten. Sie bedarf darüber hinaus keiner dogmatisch und absolutistisch gehandhabten Postulate des Verbotes und der rigiden Sanktion, sondern auch hier des Nachweises jener Momente und Inhalte, die den vorhandenen Verhaltenskodizes vorausgegangen sind und diese gewissermaßen selbst zu begründen vermögen. Am schlichten und überschaubaren Beispiel des Nikotinabusus von Oberstufenschülern der Stuttgarter Waldorfschule und des in der

Lehrerschaft diskutierten strikten Rauchverbots auf dem Schulgelände plädierte Rudolf Steiner für Aufklärungen anstelle von Verboten – und sagte in einer Konferenz:

> Man schildert die Nikotinwirkung. Das ist das Allerbeste. [...] Gerade dieses wäre ein Schulbeispiel dafür, dass es besser ist, wenn [...] Sie es dahin bringen, die Kinder, die solche Ungezogenheiten haben, durch solche Unterweisungen davon abzubringen. Dann haben Sie pädagogisch das Fünfzehnfache von dem getan, als wenn Sie ein Rauchverbot erlassen. Ein Rauchverbot zu erlassen, ist die bequemste Maßregel. Aber die Kinder dazu zu bringen, dass sie aus der Einsicht die Sache unterlassen, das hat eine Wirkung für das ganze Leben. Es ist ungeheuer bedeutend, dass man nicht irgendwie verbietet und straft; dass man weder verbietet noch straft, sondern etwas anderes macht. (300b, 49)

Die Jugendlichen sollen aus der «Einsicht» in die jeweiligen Lebensumstände zur eigenen Urteilsfähigkeit und Verantwortungsübernahme erwachen; sie sollen nicht die Überzeugungen der lehrenden Generation fortführen und tradieren, sondern aufgrund eigener Erkenntnisse zu verbindlichen Handlungskonsequenzen kommen und mit ihnen die gegenwärtige und zukünftige Gestalt ihrer zivilisatorischen Umwelt bestimmen. Die notwendige Erziehung im Jugendalter bezeichnete Rudolf Steiner auch in diesem Sinne als eine «erweckende» (304a, 178), zu einem fortwährenden Aufwachen befähigende – einem Aufwachen als Voraussetzung innerer Selbständigkeit in intellektueller wie moralischer Hinsicht.

*

Der Unterricht und die pädagogische Begleitung der Jugendlichen sollte deren geistige Verankerung in der betretenen Erdenwelt unterstützen und intellektuell fundieren, zur interessierten Einsicht und zur potentiellen Integration führen – nicht im Sinne einer Adaptierung an oft genug inhumane und moralisch abzulehnende, ja notwendig zu verändernde Verhältnisse, sondern primär im Hinblick auf die Gesamtheit der anthropologischen Lebensstrukturen und -ordnungen, den vielfältigen und durch die eigene Inkarnationsbewegung erfahrenen Kosmos des Irdischen, mit dessen wirkender Spiritualität eine neue Verbindung sukzessive veranlagt werden kann. («[...] *Was man da erlebt, das muss dazu führen, dass man ausgerüstet ist mit alledem, was einen gestochen hat aus dem Leben, mit alledem, wo man selbst gestochen hat in das Leben, in den Zwanzigerjahren wieder aufgenommen wird in die Welt, aus der man bei der Geschlechtsreife herausgeworfen worden ist. Man muss wieder aufgenommen werden; man muss wieder einen Anschluss finden, denn ohne diesen Anschluss geht es im Leben nicht. Diesen Anschluss muss man selbständig finden. Wird er einem durch Autorität aufgezwungen, dann gilt er nichts für den Menschen im Leben.*» 303, 241) Die Art und Weise des Unterrichts und der pädagogischen Führung sollte damit zugleich die charakter- und willensbildenden Kräfte des Einzelnen aktivieren und solchermaßen der entwicklungsphysiologisch aufgebrochenen und in sich hochdynamischen Willensorganisation fortwährende Anregung, gestaltende Form und Bewährung vermitteln, um in diese Erdenwelt handelnd – und damit verändernd – eingreifen zu können. Von einer unbedingten Förderung einer wirklichen *Willenskultur* (192, 93), ja einer initiativen und zu echtem Weltinteresse hinführenden *Willenserziehung* sprach Rudolf Steiner in seinen jugendpädagogischen Darstellungen wiederholt – einer Willenserziehung zur Zukunft, die auch die Aktivation eines Denkens in sich schließt, in dem der tätige Wille zur Erlangung einer freien, selbständigen Urteilsfähigkeit von entscheidender Bedeutung ist:

> Das ist es auch, was von Anfang an durch alles das, was in der Waldorfschul-Pädagogik lebt, durchgeleuchtet hat. Sie sollte nicht ein System von Grundsätzen, sondern ein Impuls zum Aufwecken sein. Sie sollte Leben sein, nicht Wissen; nicht Geschicklichkeit, sondern Kunst sollte sie sein, lebensvolles Tun, weckende Tat. (217, 40)

Die spezifische *Willenserziehung* des Jugendlichen ermöglicht in Verbindung mit der zuvor genannten rationalen Aufhellung der Lebenszusammenhänge eine ebenso verstehende wie verbindliche Teilnahme am Dasein, kein «Herausfallen aus der Zeitentwicklung» (193, 117), sondern die intentional-arbeitende Verbindung mit einer spezifischen Gegenwart und Zukunft, eine Nachvollziehbarkeit im Sinne des – selbst erfahrenen, verändernden und zukunftsoffenen – Mitvollzugs:

> Es wird kein Mensch durch dieses Lebensalter durchgehen dürfen, ohne dass er eine Ahnung bekommt von dem, was beim Ackerbau, im Handel, in der Industrie, im Gewerbe geschieht. (192, 98)

> [...] Es soll alles das erweckt werden, was den Menschen desjenigen verstehen macht, was eigentlich im Leben geschehen muss, wenn das Leben fortgehen soll. Ohne das lebt der Mensch eigentlich immer in einer ihm unbekannten Umgebung. (302, 85)

Die pädagogische Befähigung des Jugendlichen, an vielen essentiellen Lebensgebieten in weltoffener Weise kognitiv-geistig *und* volitional-handelnd partizipieren zu können, ja in grundlegender Weise vom Leben selbst zu lernen, setzt ihn nicht lediglich in Kenntnis zahlreicher Lebens- und Zivilisationsaspekte (und befreit ihn damit, so Steiner, aus einem

«*Gefängnis ohne Fenster*»[38]), sondern verankert ihn in der Gegenwart seiner eigenen Lebenszeit, des «aller-, allernächstliegenden gegenwärtigen Lebens» (192, 137), das heißt auch: seines primären Inkarnationsgebietes und damit Schicksalsraumes, bis hin zu dessen technologischer Ausprägung («Der Mensch muss den Sinn des modernen technischen Zeitalters kennen lernen.»[39]). Keinesfalls sind frühzeitige Erfahrungen in verschiedenen «beruflichen» Feldern daher eine lediglich sinnvolle Vorverlagerung späterer Fertigkeiten oder gar opportune Entscheidungshilfen für den künftigen Werdegang in professioneller Hinsicht; sie eröffnen vielmehr «die Weite des Horizontes für das Leben» (307, 244), stärken die soziale Verankerung und Wahrnehmung des jungen Menschen[40] und greifen dabei tief in seine Gesamtorganisation ein, werden «persönliches Eigentum» (302, 86) und unverzichtbare Elemente der Charakter- und Willensbildung – allerdings nur insofern sie die Universalität des Allgemeinmenschlichen im Speziellen abzubilden vermögen (*«Vor dem 21. Jahr darf in der Zukunft nichts an den Menschen herangebracht werden, was nur Forscherergebnis ist, was nur von der Spezialisierung im Wissenschaftlichen herkommt.»* 192, 97) und in sich ebenso aktivierend-kreativ wie zukunftsoffen veranlagt sind. Alle willensfördernden bzw. -ausrichtenden pädagogischen Handlungen sollen das Weltinteresse und die Welterfahrung des Jugendlichen unterstützen, ihn von der potentiell egozentrischen Befangenheit in der eigenen Leibeswirklichkeit «erlösen» und dazu ermutigen, mit seinen moralisch-kreativen Kräften gestaltend in die Umgebungsprozesse einzuwirken, wenn auch nur in der Sphäre einer exemplarisch-situativen Betätigung:

> Je mehr wir von dem heutigen Fond des Inneren herauszubringen imstande sind, desto besser fördern wir den sich entwickelnden Menschen. (55, 170)

Deutlich wird damit vor einem gesamtanthropologischen Hintergrund, dass die Erziehung des Jugendalters den jungen Menschen mit der – dem Verstehen zugänglichen – Welt des Gewordenen und einer – dem handelnden Willen erreichbaren – Welt des Werdenden verbinden soll, ihn mithin in einem sehr tiefen Sinne in die Zeitlichkeit der eigenen Existenz einzuführen hat. Nach dem Erreichen der Pubertät begegnet der Jugendliche in zunehmendem Maße dem Schicksal und damit der Zeitordnung seines individuellen Daseins[41]; er holt lernend und verstehend die Vergangenheit ein, die sich zugleich ihrerseits immer stärker in ihm geltend macht; zugleich erstreckt er sich wie nie zuvor willentlich in die Zukunft, die er anfänglich mitgestaltet und in seiner eigenen Werdegeschichte schrittweise verinnerlicht.

*

Das letztendliche Gelingen der geistig-bildenden wie willensaktivierenden pädagogischen Handlungen aber verband Rudolf Steiner immanent mit der Person des Erziehenden selbst – *«Äußerst wichtig ist, wer den jungen Menschen in diesem Lebensalter als Lehrer entgegentritt [...].»* (55, 131) Nicht länger wird die Position und Person des Erziehenden im Jugendalter von den bis dahin tragenden Verehrungskräften getragen und gestützt, sondern muss sich aus ihren realen Kenntnissen und Fähigkeiten fundieren (*«[...] Kein Lehrer kann irgendeinem Jungen oder Mädchen in Wahrheit ein Wissen überliefern, wenn nicht in diesem jungen Menschen die empfindende Überzeugung gereift ist: Der kann etwas. – Es ist einfach der Menschheit gegenüber ein unverantwortliches Beginnen, als Pädagoge anders wirken zu wollen als dadurch, dass die Jugend zuerst die selbstverständ-*

liche Meinung bekommt: Der kann etwas.» 217, 135), ja
ihrem gesamten Habitus in authentischer Weise neu kons-
tellieren und bewähren, d.h. über den Fähigkeitserweis
hinaus vor ausgesprochen sensitiven Jugendlichen in ihrer
individuellen Gesinnung und Glaubwürdigkeit erweisen.[42]
Die Position des Erziehers bedarf einer intellektuell-prak-
tischen Überlegenheit sowie einer differenzierten Einsicht
in die Aufgabe und Rolle des pädagogischen-didaktischen
Tuns; zugleich aber machte Steiner für den Erzieher des
Jugendalters geltend, dass dieser eine wirklich essentielle
Verbindung mit dem Jugendlichen und ein in dieser Verbindung aktiviertes Organ für die zum Vorschein kommende
Individualität seines konkreten Gegenübers[43] auszubilden
in der Lage sein müsse, das heißt, dass er sich willentlich,
mit geöffneter und sich selbst ständig weiterentwickelnder
Seele in die freie Begegnung und Beziehung zu begeben
habe («Dass wir *Suchende* sind, sollen die Heranwachsenden bemerken. Und auf die Wege der *Suchenden* sollen wir
sie bringen.» 31, 233f.), ohne Verwischung oder Abschattung
der gegebenen Rollen- und Alterskonfiguration, aber im
Bewusstsein der Tatsache, dass die potentiellen Fähigkeiten
und Lebensaufgaben des Jugendlichen den eigenen Horizont und die eigenen Möglichkeiten mit Nachdruck übersteigen können. In seinem «Pädagogischen Jugendkurs»
sagte Rudolf Steiner im Oktober 1922:

Die pädagogische Aufgabe besteht [...] darin, die Kinder nicht
nur zu dem Grade der Gescheitheit zu bringen, den wir selber
haben, sondern zu dem, der in ihnen veranlagt ist. So können
wir also als Erzieher durchaus in die Lage kommen, etwas
heranziehen zu müssen, was uns überragt, und es ist unmöglich,
die Schulen mit genügend Lehrern zu versorgen, wenn man
nicht auf dem Standpunkt steht, dass es nichts macht, wenn der
Lehrer nicht so gescheit ist, wie es der Schüler einmal sein wird.

Er wird gleichwohl ein guter Lehrer sein können, weil es nicht auf die Übermittlung von Wissen ankommt, sondern auf die Individualität, auf das Lebendigmachen des vorirdischen Daseins. Dann erzieht sich eigentlich das Kind selber an uns, und das ist auch richtig; denn in Wirklichkeit sind nicht wir es, die erziehen. Wir stören nur die Erziehung, wenn wir unmittelbar zu stark in sie eingreifen. Wir erziehen, indem wir uns so benehmen, dass durch unser Benehmen das Kind sich selber erziehen kann. (217, 163)

Auch sechs Monate später hieß es von Steiners Seite vor Lehrern in Dornach:

[…] Das Beste, was man dem Kinde geben kann durch das erste und zweite Lebensalter, ist das, was mit der Geschlechtsreife in ihm von selbst erwacht, wovon man selbst als aus der Individualität kommend überrascht ist, was aus dem Menschen selber herauskommt und dem gegenüber man sich sagt: Dazu warst du ja eigentlich nur ein Werkzeug. Ohne die Gesinnung, die aus diesem heraussprudelt, kann man nämlich nicht in der richtigen Weise ein Lehrer sein. Denn man hat ja die verschiedensten Individualitäten vor sich, und man darf nicht so mit seinen beiden Beinen in dem Schulzimmer drinnen stehen, dass man das Gefühl hat: So wie du bist, müssen nun alle werden, die du unterrichtest oder erziehst. Das darf man nie haben. Warum nicht? Nun, es könnten ja, wenn das Glück gerade günstig ist, unter den Schülern, die man da vor sich hat, neben außerordentlich dummen […] drei oder vier zu Genie veranlagte Kinder sein. Und Sie werden mir doch wirklich zugeben, dass man nicht lauter Genies zu Lehrern machen kann, und dass der Fall gar nicht selten vorkommen wird, dass der Lehrer nicht die Genialität hat, die einmal diejenigen haben werden, die vielleicht von ihm erzogen und unterrichtet werden mussten. Aber der Lehrer muss nicht nur diejenigen, die so werden können wie er, sondern er muss auch diejenigen richtig erziehen und unterrichten, die weit über ihn hinauswachsen müssen nach ihren Anlagen. Das wird man aber nur können, wenn man sich ganz und gar als Lehrer abgewöhnt, die Schüler zu dem machen zu wollen, was man selber ist. Und wenn man sich entschließen kann, bis zur äußersten Möglichkeit hin selbstlos in der Schule zu stehen, sich möglichst in bezug auf seine menschlichen Sympathien und Antipathien, in bezug auf seine persönlichen Eigenschaften auszuschalten und sich ganz hinzugeben an dasjenige, was einem die Schüler sagen, natürlich unbewusst sagen, dann wird man Genies in demselben Sinne richtig erziehen, wie man die Dummen richtig erziehen wird. (306, 130f.)

Die sich ab der Adoleszenz immer mehr selbst erlebende und erfassende Individualität des jungen Menschen soll in der Pädagogik des Jugendalters die notwendigen Bedingungen ihrer Entfaltung erfahren, auf allen Ebenen ihres Inkarnationsgefüges. Sie soll in gewisser Hinsicht auf sich selbst und damit auf die ihr eigenen Kräfte aktiv zurückkommen können, angeleitet, ermutigt, gefördert und bestätigt von einem pädagogischen Motiv der «weckenden Tat», damit aber von Hilfestellungen zur Aktualisierung jener eigenen (bzw. in ihr selbst veranlagten) Möglichkeiten und schicksalhaften Daseinsintentionen, die in konkreten Idealbildungen und Bemühungen ansatzweise zum Vorschein kommen.[44] Am 20.4.1923 sagte Rudolf Steiner in Dornach:

Wir müssen die günstigste Umgebung abgeben, damit an uns das Kind sich so erzieht, wie es sich durch sein inneres Schicksal erziehen muss. (306, 131)

*

In diesen Daseinsintentionen erstreckt sich der Jugendliche ab der Reifezeit dabei in Richtung einer Zukunft, die – obwohl von ihm selbst in gewisser Hinsicht anfänglich antizipierbar – in der Gegenwart den Charakter einer ausgesprochenen Verborgenheit trägt. Versteht es die Pädagogik des Jugendalters als eine ihrer wesentlichen Aufgaben, den jungen Menschen auf das Kommende vorzubereiten, so muss sie dies nach Rudolf Steiner eingedenk der Tatsache tun, dass die von ihr selbst erlebte und geschichtlich erkannte Gegenwart nicht mit dieser Zukunft identisch ist – dass sie also auf ein ihr selbst weithin unbekanntes Ziel hin «erzieht»:

> [...] Der Lehrer muss in gewisser Weise ein Prophet sein. Hat er es doch zu tun mit dem, was leben soll in der zukünftigen Generation, nicht in der Gegenwart. [...]
> Da muss in uns dasjenige leben, was erst die nachfolgenden Generationen auf den äußeren Plan des Lebens bringen werden. Da muss in uns ein prophetisch wirkendes Zusammengewachsensein leben mit der kommenden Entwicklung der Menschheit. Mit diesem Zusammengewachsensein steht und fällt das erzieherisch-künstlerische Fühlen und Denken und Wollen einer Lehrerwelt. [...]
> Dass wir prophetisch erziehen müssen, dass wir voraussehen müssen, was die nächste Generation als Aufgaben hat, das ist ernst. Das steht in der Welt drinnen. (298, 28ff.)

Vor der Einrichtung der 10. Klasse der ersten Waldorfschule in Stuttgart schärfte Rudolf Steiner den verantwortlichen Lehrkräften noch einmal mit besonderem Nachdruck ein, dass sie für ihre Unterrichtstätigkeit in der Adoleszenz in das sie und die Jugendlichen umgebende Zeitalter intensivst hineinwachsen und dieses zugleich auf die Zukunft hin überschreiten müssten – und sagte dabei:

> [Der Pädagoge] muss in einer noch tieferen Weise in sein Zeitalter hineinwachsen: er darf nicht jenen Grundcharakter behalten, den das Denken und die ganze Gesinnung des Menschen in der Gegenwart hat. [...] Wir müssen hinauswachsen über dasjenige, was uns die Zeit geben kann. Wir dürfen nicht Hampelmänner der Zeitrichtung sein [...]. (302, 94/95)

[…] Wir müssen uns klar sein darüber, dass dasjenige, was da an uns heranerzogen ist, jetzt in unserer Zeit wirklich sich erfassen muss, dass sich das gründlich selber in die Hand nehmen muss. Und das kann nur durch eine über das Individuelle hinausgehende, zeitgemäße Gewissenserforschung geschehen. Ohne diese zeitgemäße Gewissenserforschung können wir nicht über dasjenige hinauswachsen, was uns die Zeit geben kann. (302, 95)

Obwohl im Rahmen der zitierten Vortragsdarstellung für manche seiner Hörer trotz der umfänglichen (aber methodisch schwierigen) Darstellung wahrscheinlich weitgehend offen bleiben musste, was Rudolf Steiner unter einer «zeitgemäßen» (oder «zeitentsprechenden») «Gewissenserforschung» konkret verstand, so war doch zugleich die existentielle Herausforderung einer Jugend-Pädagogik und der ihr immanenten Problematik markant bezeichnet. Die Herkunftswelt des Unterrichtenden, die Ausrichtung seiner gesamten Denkweise und seelischen Entfaltung trägt – unverwandelt – die Signatur einer Zeitkultur, die der junge Mensch zu übersteigen sich realiter anschickt. Er bricht ins Offene auf, in zivilisatorische Umstände und Anforderungen, aber auch in individuelle wie generationale Aufgaben und Wagnisse, die bereits seinen Jugendkrisen untergründig immanent sind und den traditionellen Verständnishorizont des Pädagogen nicht nur hinterfragen, sondern tendenziell aufzulösen und außer Kraft zu setzen drohen. Zumindest das Bewusstsein dieser gravierenden Spannung wollte Rudolf Steiner vor Beginn des eigentlichen Oberstufenunterrichtes bei den verantwortlichen Lehrern der Stuttgarter Waldorfschule ohne Zweifel hervorrufen – das Bewusstsein als Ausgangspunkt eines individuellen Schulungsweges. In dem letztzitierten Vortrag vom 17.6.1921 hieß es weiter:

Im Grunde genommen wollte es die Menschheit immer vor sich selber verhüllen, dass sie eine große Gewissenserforschung notwendig hat, etwas, was gründlich aufwühlen sollte alles Innerliche mit der Frage: Wie stehen wir denn heute eigentlich als Ältere da vor der Jugend? – Und da kann sich keine andere Antwort als diese ergeben, wenn wir den Knaben und das Mädchen in dem Lebensalter betrachten, in dem sie sind, wenn sie in sexueller Hinsicht reif werden, wenn wir sie uns entgegenkommen sehen nach diesem Reifwerden, dann müssen wir uns sagen, wenn wir tief innerlich ehrlich sein wollen: Wir wissen nichts mit ihnen anzufangen, wenn wir die Erziehung und den Unterricht nicht aus neuen Grundelementen heraus in die Hand nehmen. Wir stehen so da, dass wir eine Kluft aufgerichtet haben zwischen uns und dieser Jugend. (302, 96)

Es handelt sich darum, die ganze Pädagogik und die ganze Didaktik in ein elementares Gefühl zusammenzufassen, so dass Sie gewissermaßen in Ihrer Seele die ganze Schwere und Wucht der Aufgabe empfinden: Menschen hineinzustellen in diese Welt. Ohne das wird unsere Waldorfschule nur eine Phrase bleiben. Wir werden alles Schöne sagen über die Waldorfschule, aber wir werden auf einem durchlöcherten Boden stehen, bis solche Löcher so groß werden, dass wir keinen Boden mehr haben, auf dem wir herumgehen können. (302, 94f.)

Dabei ist im Sinne der geisteswissenschaftlichen Anthropologie deutlich, dass das Vermögen zur pädagogischen Zukunftsantizipation mit einer realen Individualitätsförderung des Kindes und Jugendlichen immanent verbunden, wenn auch nicht vollständig mit derselben identisch ist; was in den einzelnen Jugendlichen als spezifischer Vorschein der Zukunft in der Gegenwart lebt und schrittweise zur Entfaltung kommt, gehört zu weiten Teilen dem Bereich ihrer Individualität an – ihrer individuellen Daseinsintention in der Sphäre spezifisch generationaler Zeit-Aufgaben. Das von Steiner pädagogisch geforderte Hineinwachsen und Überschreiten der Zeitkonfiguration implizierte daher das zuvor

genannte «Zusammenwachsen mit der kommenden Entwicklung des Menschen» auf der Ebene einer personalen,
willensgetragenen Verbindung, implizierte keine primäre
Zukunfts-Erkenntnis oder -Vision des verantwortlich Erziehenden, sondern vielmehr seine entwickelte und sich
ständig weiterentwickelnde Willensbereitschaft, im innerlichen Zusammenleben mit dem Jugendlichen selbstloses
Organ der Wahrnehmung und Förderung zu werden.
Bereits 1905 hatte Rudolf Steiner diesbezüglich in einem
Vortrag gesagt:

> Was in zehn Jahren über die Menschheit kommen wird, das
> werden die Menschen wissen, die sich als Individualität aus-
> leben. Das Kind, das ich erziehe, darf ich nicht von mir aus be-
> stimmen, sondern aus seinem rätselhaften Inneren habe ich
> herauszuholen, was mir selbst ganz unbekannt ist. (53, 312)

*

3.

«Die Lehrer haben den Kontakt mit der Schülerschaft der höheren Klassen ganz verloren»

Rudolf Steiners Kritik am Kollegium der ersten Waldorfschule in Stuttgart

> Dass ich so lange von der Schule abwesend war, hat sich bitter gerächt. Die Lehrer haben den Kontakt mit der Schülerschaft der höheren Klassen ganz verloren. […] Könnte man sagen: die Leute haben nicht die Fähigkeiten! Nun ja. Aber daran fehlt es nicht. Es fehlt an Enthusiasmus, an aktiver Arbeitslust. Die Leute wollen Trott, Routine; sie wollen eine schwere Masse sein, nicht ein anfeuerndes Element. Im Grunde sind sie doch eben träge.
>
> (Rudolf Steiner, 11.10.1922; 263/1, 103)

Rudolf Steiners Konferenzbesprechungen mit den Lehrern der Stuttgarter Waldorfschule beschäftigten sich vom Sommer 1921 an, insbesondere aber in den drei Folgejahren 1922 bis 1924, wiederholt mit Problemen des Jugendalters, mit der inhaltlichen Ausgestaltung der Oberstufe, aber auch mit Fragen des richtigen Umgangs, der Führung und Begleitung der Jugendlichen.[45] Steiners Wertschätzung und das Vertrauen, das er den außergewöhnlich befähigten und kenntnisreichen Pädagogen des ersten Waldorfschulkollegiums[46] entgegenbrachte, war hoch und ungebrochen – dennoch ist nicht zu übersehen, mit welchem Nachdruck Rudolf Steiner verschiedene Schwierigkeiten in dieser Zeit benannte und in ihrem methodischen Charakter herausarbeitete. Die vorbereitenden Vorträge vom Juni 1921 vor Einrichtung der 10. Klasse hatte Steiner sehr bewusst gehalten; ob sie hinreichend verstanden, verinnerlicht und realisiert worden waren, musste mindestens fraglich bleiben – Rudolf Steiner jedenfalls bat eindringlich um deren erneute Rezeption:

> Ich würde es empfehlen, lesen Sie diese vier Vorträge, die ich über das geschlechtsreife Alter gehalten habe, lesen Sie diese Vorträge nach […]. (300c, 75)

In den letzten Jahren seiner Präsenz in der Stuttgarter Schule wurde immer deutlicher, dass Rudolf Steiner die ungelösten Probleme der Adoleszenz-Pädagogik innerhalb der dortigen Neugründung gewissermaßen durch seine eigene Person temporär überbrücken und – zumindest partiell – auflösen konnte; er selbst realisierte in seinem Umgang mit den Jugendlichen die in seinen anthroposophisch-anthropologischen Vorträgen vertretene pädagogische Haltung und lebte darüber hinaus ganz offensichtlich in der Spiritualität der werdenden Zeit, ja des Kommenden, hatte einen spezifischen Zugang zu den heranwachsenden Generationen und den in ihr wirkenden Individualitäten. Dennoch wies Steiner dem Lehrerkollegium immer wieder den möglichen Weg eines eigenverantwortlichen, von ihm selbst unabhängigen Vorgehens in der Ausübung einer pädagogischen Ethik des Jugendalters.

*

Wiederholt wurde Rudolf Steiner im schulischen «Alltag» um Beratungen und Hilfestellungen im Umgang mit disziplinarischen Verstößen der Heranwachsenden gebeten – von den oftmals überforderten (und zudem im kritischen

Blickfeld der Stuttgarter Öffentlichkeit stehenden) Lehr-kräften des Kollegiums, aber auch von den in den Konflikten stehenden Schülern selbst. Im Mai 1922 bat die gesamte 10. Klasse um ein Gespräch mit Rudolf Steiner und schil-derte ihre Situation – worauf Steiner in einer Konferenz vom Oktober und nach Auftreten neuer disziplinarischer Prob-leme mit den Worten zurückkam:

> Der Kontakt der Lehrerschaft mit den Schülern der höheren Klassen ging verloren. Das ist nicht etwas, was neu aufgetreten ist. Das ging ganz deutlich daraus hervor, dass die Schüler der höchsten Klasse eine Besprechung mit mir forderten. Dies Fak-tum allein sprach ganz deutlich vom Verlieren des Kontaktes mit den Schülern. Das ist das Urphänomen der Sache. Sobald ein solcher Kontakt wirklich vorhanden ist, werden die Dinge nicht mehr vorkommen, die vorgekommen sind. (300b, 138)

In intensiver Weise legte Steiner den verantwortlichen Lehr-kräften nahe, nicht nur die disziplinarischen Probleme *«in al-ler Güte»* (300b, 92) zu lösen, sondern sich eingehend mit den Jugendlichen zu beschäftigen und sich in dieselben einzule-ben; nicht selten kamen einzelne Jugendliche der Schule zu ihm und baten um ein Gespräch in schwierigen Lagen, da-runter auch ausgesprochene Außenseiter und Grenzgänger mit schweren Sozialisationswegen und traumatischen Er-fahrungen. Über einen in der Schule für nahezu untragbar erachteten, häufig dissozial in Erscheinung tretenden und zeitweise nicht mehr auf der Waldorfschule unterrichteten Jugendlichen, der dann wieder auf die Schule zurückgekehrt war (um später erneut verwiesen zu werden), sagte Rudolf Steiner in einer Konferenz:

> Bei [ihm] ist es so, der ist aufgewachsen und hat als kleines Kind zugleich mit dem Sprechenlernen kein wahres Wort von seiner Familie gehört. Die Mutter ist total innerlich verlogen, der Va-

ter total innerlich verlogen. Sie wirkten gegeneinander, so dass
also eines Tages sehr früh der [Junge], vielleicht war er erst sieben
oder acht Jahre alt, sich gefragt hat: Die Welt, wie ist denn
die? Mein Vater, der ist so ein furchtbares Rindvieh, und ist zum
Doktor gemacht worden. Wie ist das möglich? Nun ist er [der
Junge] in eine Schule gekommen, da hat er gefunden, die Lehrer
sind auch alle Rindviecher. Nun ist er hierher gekommen
und hat sich gesagt, von der Waldorfschule wird gesagt, die Lehrer
sind keine Rindviecher. Ich will mich überzeugen, ob die
auch Rindviecher sind. – Dann ist ihm furchtbar viel vorgeredet
worden davon, dass keine Anthroposophie im Unterricht ist.
Nun wollte er aber gerade Anthroposophie. Ihm wäre es recht
gewesen, er wollte Gelegenheit haben, die Anthroposophie
kennenzulernen. Er wollte wissen, warum man so zurückhaltend
ist; er hat es als eine Unwahrheit empfunden. Nun kam er
sehr bald weg, hat gearbeitet und sich einiges Geld verdient.
Als eine lange Zeit vergangen war, kam [er] zu mir und sagte:
«Ich weiß nicht, was ich mit mir anfangen soll. Ich habe große
Hoffnungen gehabt, dass aus mir ein besserer Mensch gemacht
wird, wenn ich in die Waldorfschule komme. Da bin ich mit dem
Rad hinübergefahren nach Dornach und habe den Bau angeschaut.
Der Bau hat mich immer zu einem besseren Menschen
gemacht. Aber ich kann zu nichts kommen. Ich sehe, dass da
kein Unterschied ist zwischen Gut und Böse. Und ich sehe nicht
ein, warum ich jetzt gut werden soll. Warum soll ich nicht ein
Mensch werden, der alles darauf anlegt, alles zu zerstören?»
(300b, 123f.)

Auch nach Ordnungsüberschreitungen einzelner Jugendlicher
suchte Steiner das situationserhellende Gespräch, betonte
nach einer Aussprache mit einer Gruppe von ihnen –
die unter anderem die Toilettentüren der Schule verunstaltet
hatte – gegenüber dem Lehrerkollegium die im Dialog
positiv zutage getretenen Inhalte und Verhaltensweisen, die
«würdige menschliche Haltung» der Einzelnen in der Besprechung
(*«Ich habe gesagt, sie sollen mir ein Beispiel sagen
von dem, was sie angeschrieben haben. Da sagten sie, das*

könnten sie vor einem anständigen Menschen nicht sagen. Sie sind auch schamhaft, halten etwas auf guten Ton.» 300c, 73/74) und trat gegenüber der Lehrerschaft geradezu anwaltschaftlich für dieselben ein:

> Es sind eigentlich doch prächtige Jungens […]. Und in bezug auf Selbsterkenntnis könnte mancher Erwachsene von ihnen etwas lernen. […]
> Sie sind von einem gewissen Wahrheitsgefühl erfüllt. Unintelligent sind die Jungen nicht. Und wenn man die Intelligenz auf die richtigen Bahnen leitet, ist es ganz zweifellos, dass man recht viel erreichen kann. Sie sind eigentlich Prachtkerle. Ich muss doch immer sagen, wer zu stark den Stab bricht darüber, von dem meine ich, er müsste etwas vergessen haben aus seiner Jugendzeit vor fünfzehn Jahren. Es gibt verschiedene Nuancen, aber einige, wenn die Erinnerung wach bleibt, werden doch da sein. (300c, 73)

Und:

> Selbst wenn die Jungen das Allerschlimmste ausfressen, muss man stets die Tat treffen, niemals die Persönlichkeit. (300c, 83)

*

In verschiedenen Situationen vertrat Rudolf Steiner gegen die Meinung des Lehrerkollegiums den dezidierten Verbleib eines «schwierigen» Jugendlichen an der Schule; er versuchte dann in längeren Ausführungen, die problematische Werdensgeschichte des Einzelnen ansichtig werden zu lassen – nicht, um positiv-emotionale Reaktionen in der Lehrerschaft oder gar disziplinarische Ausnahmeregelungen hervorzurufen, sondern um die schwierigen pubertär-adoleszentären Verhaltensweisen in ihren zentralen Phänomenen zur Transparenz und zugleich zum Aufscheinen pädagogischer Eingriffsmöglichkeiten zu bringen. Bezüglich eines Schülers, von dem in der Konferenz Diebstähle und ein «schamlos unanständiges» Benehmen referiert worden waren, schilderte Steiner die psychisch-psychiatrische Labilität der Mutter und deren geradezu konstitutionellen Übergang auf den Sohn («*Alles das, was diese Frau psychisch hat, ist heruntergeschlüpft vom Astralleib der Mutter in den Ätherleib des Buben, ist ganz organisch in den Jungen eingezogen, so dass er im organischen Verhalten ein getreuliches Abbild von dem psychischen Verhalten der Mutter ist. Im Astralleib ist es nur Urteilsunsicherheit, nicht wissen, was man tun soll. Bei ihm ist es: sich gerne exponieren.*» 300c, 133) – und sagte dann in weiterführender pädagogischer Wendung (und in einem Appell an den Willensuntergrund der vor ihm sitzenden Lehrer):

Nicht wahr, ich bin mir klar darüber, dass es bei diesem Jungen darauf ankommt, dass man ihn mit Wohlwollen bis zum achtzehnten, neunzehnten Jahre bringt. Dann wird sein Gewissen sprechen. Er muss sich erst denjenigen Teil seines Ichs aus der vorigen Inkarnation, der sein Gewissen begründet, richtig eingliedern. Der ist noch nicht richtig eingegliedert, so dass bei ihm das Gewissen noch in keiner Weise spricht bei den Dingen, bei denen bei anderen das Gewissen spricht. Er experimentiert mit all diesen Dingen, wie man immer experimentiert mit dem oberen Menschen, wenn der untere Mensch nicht dasjenige in sich hat, was ihn fest und stramm hält. Das ist etwas, was bis zum achtzehnten, neunzehnten Jahre dauern wird. Man muss ihn wohlwollend behandeln, sonst hat man es sich auf das eigene Gewissen geladen, dass man ihn vorher sich korrumpieren lässt, und dass das, was sicher noch heraufkommen wird, korrumpiert bleibt. Der Junge ist doch so begabt; aber seine Begabung hält nicht gleichen Schritt mit der moralischen Verfassung. Moral insanity ist bei ihm bis heute organisch vorhanden. Nun muss man solche Kinder durch wohlwollendes Verhalten über ein gewisses Alter hinwegbringen, ohne dass man gutheißt, was sie tun. (300c, 134)

Letztendlich aber musste auch dieser Junge – sehr zum Leidwesen Rudolf Steiners – aufgrund weiterer disziplinarischer Verstöße die Schule verlassen; im Hinblick darauf und unter Aufgreifen seiner letztzitierten, nunmehr knapp vier Monate zurückliegenden Ausführungen betonte Steiner in seiner vorletzten Stuttgarter Lehrerkonferenz vom 15.7.1924:

> Bei [dem Jungen] lag ein nicht gerade sehr beträchtlicher, durch eine energische, ausdauernde psychische Behandlung zu heilender Schwachsinn vor. Daher habe ich auch immer, wenn es sich um [ihn] handelte, gesagt, wenn es gelingt, den Jungen so zu behandeln, dass er Vertrauen fasst, das so weit gehen würde, dass er zu einem der Lehrer kommt, wenn er in Not ist, und sich zu ihm wie zu einem väterlichen Menschen verhält, dass dann die Sache besser werden könnte. Es ist doch nach meinem Eindruck nicht dazu gekommen, dass der [Junge], der leicht zu behandeln gewesen wäre, tatsächlich jene energische Liebe zu irgendeiner Lehrkraft gefasst hätte, die ihn hätte bessern können. In einem solchen Falle hilft keine Unterweisung, keine Diskussion über moralische Dinge, hilft lediglich ein solches Verhältnis zum Lehrer, dass ein solcher Schüler besonders anhänglich ist und sich besonders hingezogen fühlt. Zu einem solchen Kontakt ist es nicht gekommen. Ich habe gehofft, dass es kommen könnte. Er ist nun draußen. Aber große Verdienste, um seine moralische Haltung zu festigen, haben wir uns eigentlich nicht erworben. (300c, 184)

*

Ein anderer «schwieriger» Jugendlicher, über den wiederholt in den pädagogischen Konferenzen gesprochen wurde, war von Rudolf Steiner ein Jahr zuvor der Stuttgarter Schule geradezu selbst übergeben, d. h. angemeldet und den Lehrern zur besonderen, individuellen Förderung ans Herz gelegt worden. In Steiners entsprechenden Vorstellungsworten vom 31.7. und 18.9.1923 hatte es geheißen:

Ich habe selbst einen Schüler anzumelden [...]. Er ist sechzehn-jährig, wird in die 9. Klasse zu kommen haben.

Also der Junge ist am besten beschlagen in der Philosophie, kennt Plato, kennt Kant, kennt die «Philosophie der Freiheit», ist ein guter Mathematiker, schlechter Lateiner, schlecht in Deutsch, schlecht in der Geschichte, mittelmäßig schlecht in der Geographie und Naturgeschichte, und ganz abscheulich schlecht im Zeichnen. Das ist alles zu berücksichtigen. Aber man kann ihn nicht in die 8. geben. Er hat die 9. Klasse eines Realgymnasiums hinter sich. Er wäre auch zu alt. – Da handelt es sich darum, dass eine Pension gesucht wird. Man müsste sehen, dass man eine ausfindig macht. [...]
Er ist ein frühreifer Junge. Er ist sehr begabt, er ist auch ver-nünftig, aber man muss ihn immer anhalten. Ich habe ihn sehr ermahnt, dass er sich interessiert für die Schulgegenstände. Er hat Plato gelesen, Kant, «Philosophie der Freiheit». Er ist etwas schusselig. Wenn Sie glauben, dass er Nachhilfestunden braucht, so muss er sie bekommen. Sympathischer wäre ihm, wenn man ihm die Geheimwissenschaft analysieren würde. Er ist von Schule zu Schule gekommen. Er war zuerst in einer Kloster-schule. Er ist eine harte Nuss, die zu knacken sein wird. (300c, 84f./94)

Auch in diesem Fall und trotz der dezidierten Vorankündi-gung aber gestaltete sich der weitere pädagogische Verlauf aus der Sicht Rudolf Steiners ausgesprochen unbefriedi-gend; am Ende der 9. Klasse bilanzierte Steiner, man sei dem Jungen überhaupt nicht gerecht geworden, habe von Leh-rerseite keinesfalls den «*nötigen Willen zum Individualisie-ren*» gezeigt, den Jugendlichen realiter verfehlt und den spe-zifischen Intentionen der Waldorfpädagogik entgegen ge-handelt. Als Rudolf Steiner das dem Jugendlichen erteilte Zeugnis zu Gesicht bekam, reagierte er entsetzt – und sagte in der Konferenz vom 2.6.1924:

Das [...] Zeugnis hat mich betrübt. Ich habe ausdrücklich ge-sagt, als ich mich entschlossen habe, ihn aufzunehmen – [...]

weil ich es für die Waldorfschule für notwendig hielt, dass sie nicht vermufft –, wir können so etwas nicht durchführen, wenn wir muffig werden, wir müssen weltmännisch werden. Man kann nicht die Waldorfschule führen und darauf angewiesen sein, dass Unterstützung kommt, wenn man weltfremd wird. Es handelte sich darum, eine weltmännische Frage zu lösen, und dadurch bekamen wir diesen Jungen. Nun habe ich kein Hehl daraus gemacht, dass wir uns eine Plage auferlegen. Das alles habe ich gesagt. Wir müssen einmal eine Frage so lösen. Wir bekamen den Jungen in die 9. Klasse hinein, der weit über sein Alter hinaus begabt ist – was stellt er für Fragen! – , der aber andererseits gar nichts kann. Er war in allen Gegenständen ein Tunichtgut. Nun bekam er ein Zeugnis, das so formuliert war, dass außer acht gelassen worden ist alles, was jemals gesagt worden ist. Es war – ich finde es zum die Wände hinaufkriechen – ohne Berücksichtigung des besonderen Falles geschrieben; mehr als schematisch und ganz ohne Berücksichtigung seiner Psychologie. Ich bin von der Waldorfschul-Lehrerschaft ganz grässlich blamiert worden. Dies Zeugnis hat für diesen Jungen keine Bedeutung. […] Dies Zeugnis gibt keine Vorstellung davon, dass der Junge doch das wichtigste Jahr seines Lebens verlebt hat, dass er am Ende des Jahres anders dastand als vorher. Was die positiven Dinge sind, geht nicht daraus hervor. Um ein solches Zeugnis zu bekommen, hätten wir ihn nicht auf die Waldorfschule bringen müssen. (300c, 168f.)

*

Bei nahezu allen in den pädagogischen Konferenzen ausführlich behandelten «Problem-Jugendlichen» vermisste Rudolf Steiner das individualisierende pädagogische Engagement der Lehrerschaft, den wachen, zukunftsoffenen Blick für die zum Vorschein kommende Individualität des jungen Menschen und damit zugleich das persönliche Interesse an ihm («*Es ist doch nicht dazu gekommen, dass die Lehrerschaft sich einen genügend eindringlichen psychologi-*

*schen Blick für die einzelnen Schülerindividualitäten ver-
schafft, und zwar aus dem Grunde, weil – es handelt sich nicht
darum, dass man viel Zeit verwendet, sondern darum, dass
man die Affinität für diesen Kontakt entwickelt, so dass das
von dem Lehrer Gewollte auch von den Schülern so angese-
hen wird. Es ist eine Eigenschaft, die man sich aneignen kann.
Es ist jetzt eine gewisse Fremdheit da.»* 300c, 187). Die Jugendlichen ihrerseits suchten, so Steiner, trotz ihrer mitunter abweisenden Außenseite die wirkliche Verbindung mit
ihrem pädagogischen Gegenüber (*«Sie wollen, dass man sie
kennt, dass man eingeht auf sie. Das wollen sie. […] Sie wollen Kontakt mit dem Lehrer.»* 300c, 83), erfuhren aber immer
wieder, dass sie trotz der real existierenden Unterrichtsinhalte der Waldorfpädagogik sich selbst überlassen waren
und über keinen realen Bezug mehr zu ihren bisherigen
Erziehern verfügten.[47] Sie *«entsanken»* ab dem 15. Lebensjahr ganz überwiegend den Händen des Lehrerkollegiums,
blieben ohne die notwendige Führung und ohne den notwendigen moralischen Halt im Durchlaufen der schwierigen Reifeperiode[48] – woran auch episodische und in sich
kontraproduktive Bemühungen einzelner Lehrerpersön-
lichkeiten um einen Kontakt «auf gleicher Augenhöhe»
nichts zu ändern vermochten (*«Da haben Sie gesagt zu den
Schülern, Sie wollen mit ihnen nicht als Lehrer sprechen, sondern als Mensch zu Mensch. Das ist eine absolute Unmöglichkeit. Sie machen sie größenwahnsinnig. Die Schüler müssen das Gefühl haben, dass sie bei jeder Gelegenheit zu hören
kriegen, man hat mit ihnen als Lehrer zu reden. Wenn Sie sich
gleichstellen mit den Schülern, dann werden Sie nichts anderes als Rangen heranziehen, die Ihnen über den Kopf wachsen. Man wird bald ihr Stiefelputzer, wenn man das extra betont. […] Man braucht den Jungen nicht das Gegenteil zu
sagen, aber man darf ihnen nicht den Glauben beibringen,*

*dass man ebenso jung ist wie sie. Es ist unmöglich. Es geht
nicht. Da müssen sich die Kinder in einem Größenwahn befangen fühlen, der riesengroß ist. […] Damit verwischen Sie
fortwährend den Unterschied zwischen Lehrer und Schüler.»*
300b, 132f.). Wiederholt machte Steiner in diesem Zusammenhang geltend, dass der grundlegende pädagogisch-pro-
fessionelle Wille zur realen und spezifischen Beziehungsauf-
nahme in der Lehrerschaft fehle, und sprach von einer «*Art
der inneren Bequemlichkeit*» (300b, 225) jener Unterrichtenden, deren dozierender Duktus[49] das Fehlen eines wirklich
intimen und zugleich freilassenden Kontaktes zur Schülerschaft anzeige und auf Kosten desselben gehe. Notwendig
sei dagegen ein echtes persönliches Verhältnis zu dem
einzelnen Jugendlichen über die Unterrichtsstunde hinaus
– ein persönliches Verhältnis, das die notwendige Voraussetzung einer erweiterten pädagogischen Wahrnehmung und
gezielten Führung bilde. Noch in seinem vorletzten Zusammentreffen mit der Lehrerschaft betonte Rudolf Steiner
die unbedingte Notwendigkeit eines diesbezüglichen Neu-
anfangs und sagte Mitte Juli 1924:

Diese Dinge müssen wir uns in ihrer ganzen psychologischen
Intensität vor Augen stellen. Ernst werden wir daran denken
müssen, dass wir dies überwinden müssen, wenn die Waldorfschule bestehen bleiben soll. Da muss schon der gute Wille aller
zusammenwirken, vielleicht doch damit, dass vor einem neuen
Schulanfang, wenn die Waldorfschule fortgehen soll, vor dem
neuen Anfang unbedingt in einer Reihe von Lehrerkonferenzen gerade über diese moralische Haltung der Schule verhan-
delt werden muss. Wir kommen sonst nicht weiter. Das ist ein
großer Mangel, der da ist. (300c, 185)

Bei seiner letzten Anwesenheit in Stuttgart vor Beginn
seiner Erkrankung kündigte Rudolf Steiner entsprechende
pädagogische Folgekurse für das Lehrerkollegium der

Schule an («*Ich will Vorträge halten im September oder in der ersten Oktoberwoche, über die moralische Seite der Erziehung und des Unterrichts.*» 300c, 194), die nicht mehr zustande kommen sollten. Steiner wollte einen realen Neuanfang für die noch ungenügend realisierte Pädagogik des Jugendalters setzen («*Ich muss einen neuen Einschlag geben.*» 300c, 189), einen Neubeginn insbesondere der pädagogischen Beziehungsgestaltung, ja der Ethik des verantwortlich Erziehenden. Bereits zwei Jahre zuvor hatte er in einer erneuten Erinnerung an seine eigenen Vorträge über das Reifealter zu dem Lehrerkollegium gesagt:

> Der [...] Kurs wurde gehalten, um den Geist der Waldorfschule zu bringen. Man müsste ihn wieder vornehmen, damit der richtige Geist hineinkommt. Wir dürfen uns nicht gehen lassen. Wir müssen unbedingt Feuer in den Unterricht hineinbringen. Wir müssen Enthusiasmus haben. Das ist unbedingt dasjenige, was vielfach fehlt. Das müssen wir machen. Sonst ist es eben zu leicht möglich, dass gerade bei einer Methode, die so sehr auf die Individualität des Lehrers abzielt, dass da sehr leicht ins Gegenteil verfallen werden kann. (300b, 179)

*

An den skizzierten, nachhaltig krisenhaften und mitunter auch tragischen Schicksalen einzelner Jugendlicher, die innerhalb der Konferenzen in der zitierten Weise zur Sprache kamen, exemplifizierte sich die Relevanz dessen, was Rudolf Steiner in seinen prinzipiellen Darlegungen zur Jugendanthropologie und -pädagogik ausführlich entwickelt hatte. Die «Problemjugendlichen» der Stuttgarter Waldorfschule waren in diesem Sinne kein primär außerschulisch-fachpsychiatrisches oder gar jugendforensisches Thema, sondern der praktische Erweis dessen, was Rudolf Steiner unter einer notwendigen «Herzensvertiefung» (310, 37f.) des verantwortlichen Pädagogen bzw. unter dem «Innerlichen des Verhältnisses von Lehrer zu Schüler» im Jugendalter verstanden wissen wollte. Dass Steiner darüber hinaus von Anbeginn der Waldorfschule die Mitarbeit eines Arztes im Lehrerkollegium[50] sowie die Einrichtung einer Förderklasse innerhalb des Schulzusammenhanges für essentiell hielt und praktisch durchsetzte[51], ist bekannt und sollte in diesem Zusammenhang berücksichtigt werden; dennoch ist nicht zu übersehen, dass die gesamte Thematik der Individualitätsförderung und -begleitung in der Pubertät und Adoleszenz sowie die Aufgabenstellung einer pädagogisch geförderten Zivilisationsbefähigung der Jugendlichen sich an den von Rudolf Steiner thematisierten Problemen in besonderer Weise, Intensität und Radikalität erwies – weshalb sie Steiner auch innerhalb der Konferenzen und vor dem gesamten Kollegium erörterte.[52] Auch in diesem Sinne blieb die Waldorfschule für Rudolf Steiner bis zuletzt ein *«Kind der Sorge»* – in ihrer eigentlichen, zur Verwirklichung anstehenden und auf realen Erkenntnisfundamenten beruhenden Zukunfts-Intention aber zugleich *«ein Wahrzeichen für die Fruchtbarkeit der Anthroposophie innerhalb des geistigen Lebens der Menschheit»* (Brief an das Lehrerkollegium, 15.3.1925; 260a, 405).

*

ANHANG

Rudolf Grosse:
«Eure Lehrer denken Tag und Nacht darüber nach,
wie die Zukunft wohl aussehen werde»
Rudolf Steiner und die erste Abschlussklasse
der Stuttgarter Schule, 1924

Eugen Kolisko:
«Die gegenwärtige Weltlage»
Vortrag vor ehemaligen Waldorfschülern, 13.10.1930

Ita Wegman:
«Um jede Seele wird gekämpft»
Jugendpädagogischer Brief an Ernst Lehrs, 20.1.1931

Rudolf Grosse

«Eure Lehrer denken Tag und Nacht darüber nach, wie die Zukunft wohl aussehen werde»

Rudolf Steiner und die erste Abschlussklasse
der Stuttgarter Schule, 1924[53]

Als Rudolf Steiner von unserer Klasse beim Abschluss der Schulzeit um eine Beratung gebeten wurde, welche Berufe oder Ausbildung wir wohl ergreifen sollten, äußerte er darüber später einmal, dass es nicht leicht sei, einem Waldorfschüler beruflich zu raten, da in ihm durch die Schule so vielseitige Interessen und Möglichkeiten geweckt worden seien, dass vielerlei in Frage käme.

Zu dieser von uns erbetenen Berufsberatung versammelten wir uns mit den größten Erwartungen am 10. April 1924 im Konferenzzimmer der Schule, siebzehn Schüler, acht Mädchen und neun Knaben, und saßen um den großen, den ganzen Raum einnehmenden Tisch herum, während unsere Lehrer den Wänden entlang Platz genommen hatten. Ein Gefühl war in uns, wie es vor großen Lebensentscheidungen in der Seele einzieht, und aller Augen waren auf Rudolf Steiner gerichtet, der sich am Kopf des Tisches hingesetzt hatte. Es war sehr still, als er mit seiner vollen, ruhigen Stimme sich an uns wandte, dass wir ihn um diese Beratung gebeten; so sollten wir nun einmal selber sagen, was wir uns gedacht hätten. Am besten würde einer nach dem andern das vorbringen. Er forderte die ihm zunächst sitzende Schülerin auf, das Wort zu ergreifen. Wir andern hörten nun selber mit großem Staunen zu, wie sich zwischen jedem Schüler und Rudolf Steiner ein intimes Zwiegespräch entwickelte, äußerst sachlich, fast nüchtern, hie und da mit feinem Humor.

Die Ratschläge hatten eine klärende und weisende Kraft. Die Schüler erzählten zunächst von ihren Berufsabsichten. Das hörte sich Rudolf Steiner an und gab dann seine Hilfe, die durchaus kritisch sein konnte. Als eine Schülerin, die ein sehr großes Einfühlungsvermögen hatte, die Idee aussprach, Psychiatrie zu studieren, riet er ihr ganz deutlich ab. Die heutige Psychiatrie sei noch nicht so weit, um in die Hintergründe einer sogenannten Geisteskrankheit hineinschauen zu können und daher könne sie auch noch keine Therapie entwickeln. Vorläufig sei da nicht viel zu ändern. Sie sollte sich ganz dem naturwissenschaftlichen Studium zuwenden, Physik, Chemie und Philosophie studieren, um dann als Lehrerin in diesen Fächern zu wirken.

Denselben Rat eines naturwissenschaftlichen Studiums gab er auch einer anderen Schülerin. Ein Mädchen wäre gern Kindergärtnerin geworden, was sie da tun solle. Wie konzentriert beleuchtete ein einziger Satz das Wesen dieses Berufes. Da käme es ganz darauf an, dass die kleinen Kinder einen lieb hätten, alles andere ergäbe sich daraus. Das sei ähnlich wie bei der Krankenschwester, deren besondere heilende Qualität eben darin bestehe, dass sie eine Persönlichkeit sein müsse, zu welcher die Patienten Vertrauen hätten, und die eine starke Kraft im Ertragen der Egoismen kranker Menschen, sowie im unermüdlichen Erfüllen ihrer Pflicht haben müsse. Als ein Mädchen von ihrer Absicht sprach, sich ganz dem Künstlerischen im Malen und Schnitzen widmen zu wollen, riet er ihr sehr zu. Sie solle nach ihrer

Ausbildung in Dornach dann am neuen Goetheanum künstlerisch mitarbeiten. Bei manchen gab er nur knappe Hinweise, wie z.B. bei zwei Knaben, der eine sollte eine kaufmännische Praxis, der andere eine Werkstattarbeit antreten. Einer der Knaben hatte Lust, Architekt zu werden. Zu meiner Verwunderung riet er ihm leise ab und versuchte, ihn für Maschinenbau zu interessieren. Was heute fehle, seien schön gebaute Maschinen. Man würde beim Maschinenbau nur auf die Funktion hin konstruieren, ohne einen Sinn für die Schönheit einer Maschine zu haben. Gerade Mitteleuropa müsse diesen Impuls aufgreifen, aus dem Westen käme er nicht, aber der Westen würde dann davon lernen. Es sei nicht gleichgültig, wie eine Maschine aussähe, z.B. eine Lokomotive. Sie müsse Schönheit haben. Man sollte lernen, darauf zu achten und versuchen, etwas zur Maschine hinzuzufügen, was aus dem Schönheitsempfinden käme. […]

Diese Beratung, die bei den anderen Schülern mehr auf weitere Ausbildung und Examensfragen sich beschränkte und erst in der Zusammenkunft, welche ein halbes Jahr später stattfand, konkreter wurde, schloss Rudolf Steiner, nun stehend, mit etwa folgenden Worten: «Ihr verlasst jetzt die Schule, aber wir werden uns in einem halben Jahr wieder treffen. Da berichtet dann jeder, wie es ihm in dieser Zeit ergangen ist. Im Leben, das Euch erwartet, wird Euch die Erinnerung an die Schule begleiten, und wenn Ihr in einem Lebensaugenblicke steht, wo Ihr keinen Rat findet und nicht mehr ein noch aus wisst und Ihr seid sinnend und hilfesuchend für Euch allein, da wird der Geist der Schule hinter Euch treten, Euch seine Hand auf die Schultern legen und Euch Rat und Trost spenden. Ihr habt mich um einen Spruch gebeten, den ich Euch hier aufgeschrieben habe.» Er las ihn uns langsam vor und in höchster innerer Sammlung nahmen wir ihn auf. Wir sollten diesen Spruch in unser Herz nehmen, ihn meditieren. Dann verabschiedete er sich von uns, und wir verließen den Raum, glücklich und mit dem Gefühl größter Zuversicht, weil wir uns mit ihm immer treffen und aussprechen durften. Ich empfand eine große innere Sicherheit durch seine so konkrete Führung. [...]

Jenem wichtigen Augenblick der Beratung mit Rudolf Steiner war eine seiner Ansprachen, die er an der Feier zum Abschluss des Schuljahres, am 27. März 1924, gehalten hatte, vorausgegangen. Wir Schüler der obersten Klassen, die nun die Waldorfschule verlassen sollten, um in das Studium der Hochschulen, in Berufsausbildungen oder direkt in praktische Tätigkeiten überzutreten, waren voller Zukunftsfragen. Es lebte in uns außerdem ein sehr verhaltener Abschiedsschmerz, dass wir der Stätte, die für uns alle zum geistigen Heimatort echter Menschenbildung geworden war, zum letzten Mal in altvertrauter Weise angehören durften. Da waren uns die Abschiedsworte, die Rudolf Steiner an uns richtete, wie ein unverlierbares Gut. Wie eingemeißelt sind mir die folgenden Sätze in der Erinnerung geblieben: «Eure Lehrer denken Tag und Nacht darüber nach, wie die Zukunft wohl aussehen werde. Ich kann Euch sagen, dass sie in zehn bis zwanzig Jahren viel, viel schlimmer sein wird als die furchtbaren Jahre, die wir durchgemacht haben und in denen wir jetzt sind. Und es legt sich wie ein tiefer Schmerz auf die Seele, wenn man an das große Leid denkt, das diese Zukunft für die Menschen bereit hat. Auch die Lehrer sind traurig, Euch nun aus der Schule entlassen zu müssen, aber es wird ihnen eine große Kraft bedeuten, wenn sie sehen, wie Ihr Euch als volle Menschen bewährt.»[54] Das etwa der Sinn seiner Worte. Ich ging tief in mich versunken aus dieser Schulfeier nach Hause, eine Rechnung fortwährend ausführend: Wenn wir jetzt das Jahr 1924 haben, dann ist in zehn Jahren 1934 und in zwanzig Jahren 1944. Ich stehe

dann zwischen meinem dreißigsten und vierzigsten Lebensjahre und muss eine Geschichtsepoche von furchtbarstem
Ausmaße, wie ich sie noch nie kennen gelernt habe, durchmachen. [...]

Der erste September sah die ganze ehemalige Klasse ver-
sammelt in der Waldorfschule. Rudolf Steiner war von England her noch nicht angekommen. Wir beschlossen, ihm
einen Brief zu schreiben, dass wir auf ihn, wie verabredet,
warteten, ihm von unseren Erfahrungen seither gerne er-
zählen wollten und neue Ratschläge für die nun sichtbar
gewordene Situation erbäten. Der Brief lautete:

Waldorfschule, den 1. September 1924

Sehr verehrter, lieber Herr Doktor!
Als wir am Ende unserer Waldorfschulzeit mit Ihnen zu-
sammen sein durften, sagten Sie uns, es wäre gut, wenn wir
bald wieder einmal zusammenkämen, nachdem wir erst
einmal in die Welt hinausgegangen wären. Das ist nun in-
zwischen geschehen, und jetzt ist fast die ganze ehemalige
zwölfte Klasse in Stuttgart, in der Hoffnung, wieder mit
Ihnen und unseren Lehrern sprechen zu dürfen. Dazu
drängen uns unsere Erlebnisse, die wir in der Zwischenzeit
hatten.

In dankbarer Verehrung
die zwölfte Klasse

[...]

Die Besprechung am folgenden Tag sah uns mit Dr. Steiner
und Dr. Wegman zusammen; in unserer Meinung der Anfang einer ganzen Reihe von solchen Zusammenkünften.
Rudolf Steiner drückte dies selber mit den Worten aus:

«Kommen Sie von nun an jedes Jahr um diese Zeit an die Schule und tauschen Sie mit Ihren Lehrern Ihre Erfahrungen im Leben aus. Die Lehrer selber werden Ihnen dann Vorträge halten und Ihnen mitteilen, was sie selber inzwischen erforscht haben. So wird mit der Zeit eine Art Hochschul-Fortbildung im Geiste der Waldorfschule entstehen.» Die Berichte, die nun einzelne aus ihren Erfahrungen gaben, schienen Rudolf Steiner aufs höchste zu interessieren. Besonders als einer von seinem Leben als Werkstudent in einer Fabrik berichtete, von seinem Umgang mit den Arbeitern, ihrem anfänglichen misstrauischen Verschlossensein, das erst allmählich sich löste und zu freien Diskussionen führte. Da sagte er, dass gerade Waldorfschüler sich um einen solchen Kontakt bemühen sollten, aber man müsse mit den Arbeitern ganz wahr sprechen. Das brauche Zeit, Geduld und viele Anläufe.

Er äußerte sich auf ähnliche Erfahrungsberichte hin über das Medizinstudium, an dem man, gerade weil es das geistig nicht sei, was es sein müsste, nicht vorbeigehen dürfe, was übrigens auch für die Technik gelte. Dann: die Krankenpflege sei ein schwerer Beruf, weil die Schwestern es mit Menschen zu tun haben, die so oft durch und durch launisch und egoistisch in ihrem seelisch-geistigen Darleben seien. An diesem Berufe müsste man das Wesentliche in einer Art Opferdienst sehen, der einem eine Schulung bedeuten möge. Eine gute Pflegerin müsse genau so wenig wie eine Kindergärtnerin wissen, warum sie die Patienten und die Kinder gern habe, es komme auf die ganze Atmosphäre an, die sie um sich verbreite. Das waren Bemerkungen, die ähnlich schon bei unserer ersten Besprechung gefallen waren.

Einen weiteren Rat gab er jenem von uns, der sich ganz ins Kaufmännische hinein begeben wollte. Da gelte es, sich eine gründliche Praxis und Geistesgegenwart anzueignen.

Dazu gehöre die Kenntnis der Usancen im Welthandel, die man am reinsten in England und in Amerika lernen könne. Sie seien zwar ziemlich ekelhaft, aber instruktiv. Aus diesen unmenschlichen Gepflogenheiten und Verhältnissen, die sich bei den großen Handelsvölkern ausgebildet hätten, könne man sehr viel lernen für die kommerzielle Tätigkeit in Mitteleuropa, nicht um sie nachzumachen, sondern um sie zu durchschauen.

Manches wurde angefügt, was sich z.B. auf das allgemeine pädagogische Interesse der heutigen Jugend bezog. Aber immer müsse man von der Pädagogik als von einer Kunst sprechen. Sie sei nicht Wissenschaft, und sobald man sie als System ausbilde, sei das immer ein Zeichen von Dekadenz, denn eine solche Pädagogik wisse nicht mehr, was sie mit der Jugend anzufangen habe.

Er rief uns am Schluss nochmals jenen Spruch, den er uns gegeben hatte, in Erinnerung. Wir sollten uns intensiver als bisher damit beschäftigen …

In den Weiten der Lebenswege
Soll sich spiegeln,
Was im lieben Jugendhause
Wie das Siegel
Echten Menschenwesens
In das Herz
Sich geprägt.

In der Tiefe der Erinnerung
Soll sich stark erweisen,
Was die Seele durfte finden
In Herzenskreisen —
Durch die Geistesführerschaft,
In den Kräften
Lieber Lebensschulung.

Spruch Rudolf Steiners für die Abschlussklasse der Stuttgarter
Waldorfschule, April 1924 (GA 40, S. 356)

In den Weiten der Lebenswege
Soll sich spiegeln,
Was im lieben Jugendhause
Wie das Siegel
Echten Menschenwesens
In das Herz
Sich geprägt.

In der Tiefe der Erinnerung
Soll sich stark erweisen,
Was die Seele durfte finden
In Herzenskreisen –
Durch die Geistesführerschaft,
In den Kräften
Lieber Lebensschulung.

Eugen Kolisko

«*Die gegenwärtige Weltlage*»

Vortrag anlässlich einer Zusammenkunft ehemaliger
Waldorfschüler
Stuttgart, 13. Oktober 1930[55]

Liebe Freunde!

Wenn ich heute auf den Wunsch von einigen von Ihnen zu
Ihnen sprechen möchte über die Weltlage der Gegenwart,
so soll dies deshalb geschehen, weil wir glauben, dass der
Sinn dieser Zusammenkünfte, die wir hier nun haben, auch
darin bestehen muss, dass wir zusammen versuchen uns ein
Bild zu machen von dem, was in der Welt heute vorgeht,
von den großen Fragen, die das heutige Zeitalter bewegen.
Auch indem, dass wir uns fühlen müssen als eine Gemeinschaft, als eine Gemeinschaft, die ja jetzt schon das siebente
Mal zusammenkommt, sodass wir auch in dieser Hinsicht in
diesem Jahr etwas besonderes haben, dass wir schon zurück-
blicken können auf ein Zusammenkommen einer mehr-
jährigen Gemeinschaft durch sieben Jahre hindurch.

So möchten wir gerade eben auch in diesen Zusammenkünften den Sinn verbinden, dass wir nicht nur pflegen
wollen, das was selber in unserem Kreis hier uns bewegt,
sondern eben den Zusammenhang suchen wollen mit den
großen Ereignissen des Lebens. Wenn uns sicher heute nur

mit schwachen Kräften gelingen wird, Ihnen so etwas zu geben wie Hinblicke auf die geistige Weltlage der heutigen Zeit und was uns daran bewegen, ergreifen und interessieren kann, was uns Aufgaben stellen kann, [so] darf es doch nicht fehlen bei einer solchen Zusammenkunft, dass wir miteinander solche Hinweise pflegen.

Nun, Herr Boy[56] hat zu Ihnen gesprochen von dem, was uns alle verbindet. Das ist der Hinblick zu einem Bilde des Menschen, das wir alle in uns haben aufnehmen können, vielleicht gerade dadurch, dass Rudolf Steiner hier gewirkt hat, und dass er uns durch sein lebendiges Beispiel – viele von Ihnen haben ja das persönlich miterleben können – auch vorgelebt hat ein solches Menschenbild und dass er etwas hinstellen wollte, für die Erziehung für die Menschenbildung, was eben hinführen kann zu einem solchen Ideal. – Nun ist es merkwürdig, dass man vielleicht am besten die heutige Zeit und Weltlage dadurch charakterisieren kann, dass man sagt, es hat vielleicht kein Zeitalter gegeben, wo gerade der Mensch dem gegenüber, was er selber geschaffen hat, was er selber in einer grossartigen Weise geschaffen hat als Fortschritte der Kultur, als Umgestaltung eines ganzen Zeitalters der großen Erfindungen, als Gestaltung der ganzen Welt, wo der Mensch selbst dem gegenüber, was sich da entwickelte in einer gewissen Weise hilflos war, wie heute. Man könnte heute davon sprechen, dass mehr als je zu einer Zeit der Mensch gegenübersteht dem, was er sich selbst geschaffen hat und da kann in der modernen Zeit am meisten gesagt werden, dass der Mensch sich heute aus Freiheit geschaffen hat das heutige Weltbild, die heutige Kultur. Dass der Mensch vielen Auswirkungen dieses Weltbildes eigentlich so gegenübersteht, dass er sie nicht meistern kann und während wir auf der einen Seite hinblicken können auf das, was uns verbindet, auf dieses ideale Menschenbild, können wir heute sehen den großen Gegensatz dazu, in dem wir heute, der Mensch mit seinen Idealen, der ganze Mensch gegenübersteht dem, was die Gestaltung der heutigen Zeit ist. Sehen Sie, das gilt für viele Gebiete. Man kann ja vielleicht darauf hinweisen, wie gerade in den letzten Jahrzehnten ungeheure Veränderungen sich ergeben haben der ganzen Gestaltung der heutigen Zivilisation, wie sie eigentlich überhaupt im Laufe des ganzen 19. Jahrhunderts sich nicht ergeben haben. Und wir haben z. B. den Eindruck, wenn man hinsieht auf das, was fortwährend an Erfindungen und Entdeckungen gemacht wird, an Umgestaltungen unserer ganzen Umwelt durch die Welt der Elektrizität, durch das, was fortwährend erfunden wird, erst dadurch ist etwas geworden wie die wirkliche Weltbildung. Wie das Radio, Film auch Fernsehen, wie dieses Sichverbinden eigentlich über die ganze Erde hinführt die Menschheit; erst seit der Zeit können wir überhaupt davon sprechen, dass Weltbeziehungen unter den Menschen da sind. Das geht mit riesigen Schritten vor sich. Man möchte denken, indem die Welt räumlich immer kleiner wird und indem all diese Schranken überwunden werden, indem die Distanzen sich fortwährend verkleinern und heute es gar nichts besonderes bedeutet, in Europa von London bis Rom gekommen zu sein, während das früher etwas besonderes war, so ist es so, dass man die Empfindung haben kann, gerade eine solche Zeit stellt ungeheure Anforderungen an die innere Entwicklung des Menschen, an die Persönlichkeit des Menschen, die gerade den Menschen macht zu einem Bürger der ganzen Welt, die ihn so stark verbindet mit der Erde, wie das heute der Fall ist.

Nun, diese großen Erfindungen und Entdeckungen, die sich immer mehr häufen, die haben etwas Eigenartiges an sich.

Sehen Sie, wir entdecken immer mehr Möglichkeiten, um mit Hilfe der Elektrizität über die ganze Erde hin Nachrichten zu senden, schließlich vielleicht zu sehen die Bilder der Menschen, mit denen wir sprechen am Telephon. Wir entdecken immer mehr solche Dinge, die uns mit den Menschen zusammenführen. Wir bringen das zustande, dadurch, dass wir die Erde umgeben haben mit einem Netz von Elektrizität, von elektrischen Strömen.

Wir haben aber heute nicht so etwas wie eine Wissenschaft, die das Göttliche betrachtet. Was das ausmacht, dass wir heute leben in einer Atmosphäre, die durchsetzt ist mit Elektrizität, [die] durch die Atmosphäre der Erde durchgeht, sich durchkreuzt – das, was sich da ergibt aus diesen menschlichen Erfindungen heraus, da können wir nicht sagen, wie das wirkt auf den Menschen. Wir haben sozusagen keine Wissenschaft, die dem Schritt hält. Was wird das für die Gesundheit der Menschen bedeuten, wenn sie umgeben sind von Elektrizität? Und man kann das auf anderen Gebieten ebenfalls beobachten. Es werden fortwährend neue Entdeckungen gemacht, die man bezeichnen könnte, die sehr wichtig sind dadurch, dass die Naturwissenschaft von einem gewissen Zeitpunkt eine ungeheure Entwicklung durchgemacht hat. Genau mit dem Beginne des 20. Jahrhunderts.

Da hat die Wissenschaft sich so entwickelt, dass sie an Tatsachen nur neues hinzufügte, was sie beherrschen und überschauen konnte. Man entdeckte immer neue Stoffe, man konnte das auch beherrschen. Dann kam der Zeitpunkt, wo man begann zu entdecken, dass aus allen chemischen Stoffen herauskommen Strahlungen, die Röntgenstrahlen und immer neues entdeckte man. Heute weiß man, dass jedes lebende Wesen etwas ausstrahlt. Es gibt heute nichts, von dem man nicht weiß, wie es chemisch zusammengesetzt ist.

Wir sind nun an einen Punkt gekommen, zu einem ganz neuen innerhalb der Naturwissenschaft, nämlich, dass man aus der Welt, in der man noch etwas greifen kann, was abgeschlossen ist, zu etwas gekommen ist, was sich ausbreitet durch den ganzen Raum. Man ist aus der Welt des Stofflichen herausgekommen zu der Welt, die ausstrahlt durch den ganzen Raum – [zu der] Ätherwelt.

Es hängt damit zusammen die ganze Elektrizität, die Erfindung des Radio; das führt hinein in diese Welt, wo nichts nebeneinandersteht, sondern alles ausstrahlt in den ganzen Raum. Es gibt heute nicht eine solche Strahlungsart, die nicht sofort verwendet würde – z. B. um Nahrungsmittel zu beeinflussen mit diesen Strahlungen, damit sie eine bessere Wirkung bekommen. Man weiß nicht mehr, worum es sich handelt, z. B. die ultravioletten Strahlungen. Sie werden ausgearbeitet. Sie werden als gut und heilkräftig angepriesen. Nachher hat ein Professor entdeckt, dass das schlecht ist, dass es das allerschlimmste Gift ist. Darüber wird lange diskutiert und vielleicht nach einiger Zeit verschwindet das wieder, dieses besonders angepriesene Heilmittel. Aber inzwischen sind schon zwei bis vier neue entdeckt, bei denen das ähnlich geht. Wenn man das ganz rückläufig betrachtet, muss man sagen, es ist merkwürdig, wir haben heute eine Entwicklung, bei der die Wissenschaft sozusagen nicht mehr Schritt halten kann, sie kann es nicht verstehen, wie die Sachen wirken werden, die losgelassen sind, die einfach in der Welt darinnenstehen.

Sagen wir, es kommt auf der Gebrauch, dass man mit Elektrizität düngt. In Amerika wird man weite Gebiete mit elektrischen Drähten überziehen, dadurch wird eine starke Wirkung der Elektrizität erzeugt. Man kann nun eine Massenproduktion von landwirtschaftlichen Produkten hervorrufen. Es gibt gewisse Strahlen, die man aus dem Wärmewesen des Spektrums hervorholen kann. Das sind die Infrarot-Strahlen, die man nicht sieht, die aber Wärme-Wirkungen haben, mit denen kann man zwei Ernten bekommen. Sie keimen so schnell, dass man zwei Ernten machen kann. Das wird sicher sehr bald glänzend ausgebildet sein. Und es gibt viele solche Verfahren. Man wird bald nichts mehr essen können, das ein wirkliches Landprodukt ist, sondern es sind die verschiedensten Wirkungen drinnen. Es gibt in Amerika Unternehmungen, die streuen über weite Obstbaumkulturen Arsen und Bleisalz. Das kann man machen wie mit dem «Persil»! Sie werden finden, dass durch dieses Mittel die Schädlinge kaputt gehen. Aber irgendwo in der Chronik einer wissenschaftlichen Zeitschrift finden Sie, dass ein Chemiker nachgewiesen hat, dass die Schale von den Äpfeln und das Äußere vom Fleisch der Äpfel mit dem Arsen eine unauflösliche Verbindung eingegangen ist, und dass das gar nicht herauszubringen ist. Das wissen aber nur die Fachgelehrten.

Nun frägt man sich, wenn man es nicht abwaschen kann, wie das wirkt. Vielleicht hat man in einiger Zeit keine Äpfel mehr, die anders sind. Nun, von dieser Art Erscheinungen könnte ich Ihnen Tausende aufzählen.

Es ist außerordentlich, wie merkwürdig es heute ist, dass der Mensch das, was fortwährend entdeckt wird, selber im Grunde nicht beherrschen kann. Das war früher nicht, im Zeitalter der Dampfmaschine. Da hat es das nicht gegeben. Da hat die Wissenschaft nur so weit gereicht wie das, was man entdeckt hat. Vorher war eine Zeit, wo die Ärzte in einen merkwürdigen Zustand gekommen sind. Sie hatten entdeckt, wie der Mensch aussieht, wie alle seine Krankheiten ausschauen, was ihre Grundlagen sind, nur mit einem war es schwierig, das war mit dem Heilen. Das Heilen war eine große Schwierigkeit geworden für das Ärztetum. Es gab sogar in den 70er oder 60er Jahren des vorigen Jahrhunderts eine Schule, eine medizinische Schule, wo da so bedeutende Forscher waren, die die Meinung hatten, eigentlich könnte man genau so gut dem Patienten Zucker geben, wenn er nur glaubt, dass es hilft und er geheilt werden kann. Das ist in ernstester Weise vertreten worden. Wirklich sehr bedeutende Forscher haben das gesagt. So ein leiser Stich, ein leiser Anklang von diesem war da im 19. Jahrhundert, da ging man nicht so weit z. B. mit dem Heilen, schon deshalb, weil man nicht so viele Dinge entdeckte. So ist es nicht mehr seit der Entdeckung der Röntgenstrahlen. Seither ist es wie ein Zwang vorhanden, alles was man entdeckte, auch anzuwenden. Man weiß nicht, wie das wirkt. Auch sonst zeigt sich das, was vorher niemals möglich war. Man ist herangekommen an die Luft, an den Stickstoff der Luft, dass der Stickstoff der Hauptbestandteil der Luft ist. Er ist oben ganz ruhend, er ist träge, er geht aus seiner Ruhe nicht heraus. Mit dem Stickstoff hat es eine merkwürdige Bewandtnis. Die von Chemie etwas wissen, werden sich dessen noch erinnern, dass man den Stickstoff mit Hilfe der Elektrizität herunterholen kann und umwandeln kann in Salpeter, was bekanntlich der Hauptbestandteil des Schießpulvers ist. Früher hat man das nur im Kleinen machen können. Dann aber kam die Zeit, wo man auf dieses Reservoir aufmerksam geworden ist, man kann diesen Stickstoff in Bewegung setzen. Seitdem das Verfahren erfunden worden ist, den Stickstoff der Luft umzuwandeln in Salpetersäure, seitdem ist es so, dass aus dem Stickstoff alle Sprengstoffe der Welt erzeugt werden. Heute gibt es sicher so viel, dass es nicht schwierig wäre, die halbe Erde in die Luft zu sprengen. Das macht sehr viel aus für den Weltzusammenhang, was man früher nicht hatte.

Die Menschheit hat plötzlich gelernt, aus bloßer Luft etwas zu machen, was eigentlich, wenn man will, die halbe

Erde in die Luft sprengen kann. Solche Erfindungen hat es nicht viele gegeben, dass das, was Technik wird, im Grunde so wirken kann wie eine Naturkatastrophe. Früher waren die Unglücksfälle von so überragender Größe. Heute ist das gar nicht so, sondern die Zivilisationskatastrophen sind wie die Naturkatastrophen.

Es sind dann auch die Giftgase entstanden, Kampfgase, auch viel mehr Möglichkeiten, solche Dinge hervorzubringen. Das steckt auch drinnen in den Industrien. Man weiß heute, dass sämtliche Industrien, die Kunstseide herstellen, jeden Tag umgestellt werden können auf Kriegsindustrien. Es wird ein Hebel umgedreht und alles, was nützlich ist, wird zerstörend sein.

Auf diese Dinge wollte ich deshalb hinweisen, weil sie charakteristisch für unser jetziges Zeitalter sind, ohne die man nicht hinsehen kann auf die heutige Weltlage, wenn man sich nicht klarmacht, dass wir plötzlich hineingekommen sind in Entdeckungen und Erfindungen, in eine Welt, wo es ganz vom Menschen abhängt, ob er damit etwas aufbaut oder ob er bei der Gelegenheit die halbe Welt zerstört. Nicht nur in bezug auf solche Sachen wie jene Stoffe, sondern auch auf alles, was auf das mehr Seelische des Menschen wirkt. In früheren Zeiten wäre es nicht möglich gewesen, dass z. B. so etwas entstanden wäre wie das Kino, das einen großartigen Siegeszug durch die Welt genommen hat. Es ist wirklich interessant, wenn man die allerersten Anfänge davon miterlebte und sieht, wie das sich ausgebreitet hat; unglaublich, welche starke Wirkungen davon ausgegangen sind. Niemand hat so etwas beabsichtigt, niemand sich vorgestellt, dass so etwas vorkommen könnte, dass plötzlich es eintritt, dass sämtliche unserer Dichter-Werke übergehen werden in den Film. Dass bei der Gelegenheit das ganze Theaterwesen vernichtet wird. Das Theaterwesen, das was eben früher zu Goethes Zeiten verbunden hat, dass Schiller sagen konnte, das Theater sei wie eine moralische Erziehungsanstalt, so etwas, das war ein möglicher Gedanke. Heute ist das ganz anders. Heute ist es so, dass ich mich an ein merkwürdiges Symptom erinnere: «Revolte im Erziehungshaus». Es ist merkwürdig gewesen, auf dem Programm zu diesem Stück stand auf dem Titelblatt das Zitat von Schiller, dass die Bühne eine moralische Erziehungsanstalt ist, so, dass man nicht unterscheiden kann, ob Schiller das sagt über dieses Stück, oder ob es nur zitiert ist. Das ist möglich, weil heute merkwürdig ist, wie in Deutschland man über die geistige Bedeutung des deutschen Geisteslebens selber denkt. Dass so etwas möglich ist, ohne dass sich jemand darüber aufregt!

Nun möchte ich etwas sagen über das, wie heute hineingegangen ist fast der gesamte Kunstbetrieb der Welt in das Kino, er ist geschluckt worden vom Kino, ohne dass man sagen kann, es ist beabsichtigt gewesen. Alle Wirkungen, die vom Kino ausgehen auf die Erziehung, sind nicht sehr günstig, vor allem, dass man noch irgend etwas in der Hand hat, was Volkserziehung ist, wenn vorher die Dinge so laufen, wie heute das Kino läuft. Es ist noch nicht lange her, da war ein Film, ein Christusfilm. Der war so zustande gekommen, dass ein Teil der englischen Armee in Palästina mit Erlaubnis des Papstes dort selber gefilmt hat die sämtlichen Ereignisse von Palästina. Da haben Leute sich unterstanden, das auf sich zu nehmen, da mitzuwirken. Stellen Sie sich vor, mit der englischen Armee dort das zu machen, dass dort inszeniert wird so etwas wie eine Art Blasphemie, auf Dinge, die Zentralereignisse sind für die ganze Menschheit. Das hat man ruhig dort gemacht. Es fragt niemand, wie es entstanden ist. Da fragt man nicht, was muss gemacht werden konkret, damit ein solcher Film zustande kommt, was man alles arrangieren muss, was man als vernünftiger Mensch nicht tun würde. Kennzeichnung als Fiktion. Es würde niemandem als vernünftigem Menschen einfallen, so etwas zu inszenieren. Das ist heute nicht da.

Ich will charakterisieren, wie das Kino eine Macht hat, der sich der Mensch nicht entziehen kann. In der Art, wie es sich ausbreitet, haben sich früher niemals Kulturerscheinungen ausgebreitet. Früher haben sie sich mit Hilfe des Bewusstseins der Menschheit ausgebreitet. Wir stehen in einem ganz neuen Zeitalter darinnen. In den letzten 10 Jahren hat es sich gezeigt, dass dieser Prozess im Ansteigen ist, der sich nur durch eine neue Kultur überblicken lässt. Da ist dies eingetreten, dass der Mensch die Auswirkungen dessen, was als die Ergebnisse da ist an Erfindungen, wie die Gesamterfindungen der Elektrizität, dass er das im Grunde nicht so beherrschen kann. Er könnte es eigentlich nur beherrschen, wenn er denkerisch ausbilden würde eine ungeheuer viel größere Intensität unseres geistigen Lebens. Dazu müsste überhaupt möglich sein, Gesichtspunkte herbeizubringen, dass so etwas wie das geistige Leben etwas darüber zu sagen hat.

Genau so ist das in der Wirtschaftsproduktion. So etwas war wie Hungersnöte früher, es hat alles mögliche gegeben, was durch Mängel da war. Aber dass durch Überfluss Krankheitssymptome da sind, das war auch in der Menschheitsgeschichte niemals vorhanden, so dass sich das in der Gesamtwirtschaft zeigt. Es zeigt sich dieses Symptom überall dort, wo das Folgende eingetreten ist: Wo eigentlich das moderne Naturwissenschaftliche über die Theorie hinausgegangen ist in die Technik und diese mit Schwung ausgebreitet worden ist über die ganze Welt – und das hängt damit zusammen, dass führend wird in diesen Dingen Amerika. Im Jahre 1898 war der Krieg zwischen Spanien und Amerika. Es gibt vielleicht wenige Kriege, die einem so lächerlich vorkommen wie der zwischen Spanien und Amerika, die meisten waren überzeugt, dass Spanien dabei siegen werde. Spanien war das große Weltreich, in dem Philipp II. sagen konnte, es ist das Reich, wo die Sonne nicht untergeht. Dieses Spanien trat gegen Amerika auf. Heute kommt einem das lächerlich vor. Es ist der Zeitpunkt gekommen, wo wir in dem Merkwürdigen drinnenstehen, dass auch das englische Imperium sich untergeordnet hat. Ein englischer Ministerpräsident geht nach Amerika. Das ist so etwas Welterschütterndes, dass ein englischer Ministerpräsident hinreist nach New York für die finanziellen Dinge, die zu regeln sind zwischen dem englischen Weltreich und Amerika. Das ist mehr so nach dem Politischen hin betrachtet. Ich will damit charakterisieren, dass diese Dinge hinführen, zusammenhängen, dass führend wird auch Amerika – dass vom Westen ausgeht die europäische Zivilisation, die ja so herrschend war, dass die von Amerika weitergeführt und über die ganze Welt ausgedehnt wird. Viele Dinge sind in Europa ausgearbeitet worden, aber von Amerika aus kommen sie ins Weite. Z. B. Zuckerbäcker waren in Europa genug, aber Zucker konnte man erst machen, als die großen Plantagen da waren. Dort konnte man auch die Abfälle verarbeiten und Likör herstellen. So ist es mit vielen Dingen gewesen, die so ausgehen vom Westen. Es ist merkwürdig, wie die Dinge hinüberkommen, so schlagen sie mit vermehrter Geschwindigkeit zurück und breiten sich über die ganze Welt aus. Und was mit moderner Wirtschaft zusammenhängt, die ganze Erde zu verändern, dass das, was technischer Prozess ist, nicht nur so mächtig wird wie der Kulturvorgang, das ist gerade, was möglich ist in Amerika.

Dass Elektrizität als Naturkraft wirksam ist, und in dem Moment, wo das eintritt in den Naturprozess, da breitet sich das lawinenartig aus und dem sind Geist und Seele des Menschen nicht in demselben Maße gewachsen. Es ist außerordentlich charakteristisch, dass [man] durch kleine Dinge in einen ungeheuren, die ganze Welt umfassenden Prozess hineinkommt. Wir können nicht sagen, wir möchten uns dagegen in jeder Weise stemmen. Es gibt keine Möglichkeit, dass man sich gegen diese Naturprozesse stemmt. Die Frage ist, wie wird der Mensch schnell anders, wie wandelt er sich um, um dem gewachsen zu sein, und das entgegenzunehmen, was da ist wie ein Naturprozess? Technik ist heute Natur, ist das, was sozusagen ist – es verwischt sich eigentlich der Unterschied zwischen Technik und Natur. Telegraphendrähte umspannen die Erde. Jetzt kommen auch noch alle Dinge, die herumschwirren in der Atmosphäre, nun kommen schon langsam die Entdeckungen, die darauf ausgehen, das Klima zu entdecken, wo man in den Wetterprozess eingreift. Man kann viel erleben in dieser Richtung. Wir gehen in eine völlige Umgestaltung der Weltverhältnisse hinein. Damit geht ja auch Hand in Hand die Umgestaltung der Technik und Maschinenwelt.

Nun ist ja das Merkwürdige, während das auf der einen Seite fortschreitet, ist auf der andern Seite in der Menschheit das Folgende da. In den letzten 20 Jahren, in den letzten 10 Jahren hat sich in der ganzen Welt, zuerst im Osten, so etwas herausgebildet wie viele Stimmen, die da sagen, die ganze Zivilisation, die europäische, die ist eigentlich nicht wert, dass sie existiert. Sie ist etwas Zerstörendes, Menschen-Mörderisches, mit dem man eigentlich als Mensch nicht auskommen kann. Das kann man an den verschiedensten Stellen sehen und merkwürdig ist, dass das besonders stark da ist, wo die ganz alten Kulturen gewesen sind, in Indien, China, Japan. In den verschiedensten Gebieten im Osten da ist es so, da steigt, viel mehr als früher es der Fall war, eine ungeheure moralische Empörung über das auf, was die westliche Zivilisation des Abendlandes ist. Diese Stimmen werden immer stärker. Was als politische Bewegung sich zeigt, das ist eine Wirkung von dem. Man kann diesen Gegensatz sehen in dem Merkwürdigen, was sich im Osten abgespielt hat, wie der Inder Gandhi aufgetreten ist gegen England. Da wird es Ihnen, an dem was in Ihnen an Gefühl für das Symptomatische der Weltgeschichte da ist, da wird es Ihnen sehr stark zum Bewusstsein kommen, um was es sich da handelt. Da haben die Engländer gehabt das Salzmonopol, dem auf der anderen Seite Gandhi sich entgegengestellt hat dadurch, dass er eine Zeremonie gemacht hat, wo er das Salz vor sich hintrug und die Parole ausgegeben hat, nun mache jeder selber das Salz. Für den alten Orientalen war es so, dass er ungefähr betrachtete das Folgende: Das Salz ist das geformte, das kristallklare Ideal, zu dem der Mensch, wenn er innerlich sich erhebt, aufsteigt. Der Orientale war so eingestellt. Unser klares Denken war ihm das Ideal, etwas, was dann eigentlich eine religiöse geistige Bedeutung hat. Dem stellte sich gegenüber diese Wirtschaftsmacht, die sich bemächtigen möchte des Salzes. Gandhi stellte dem gegenüber eine Art geistige Demonstration. Ein Kampf spielte sich ab zwischen Gewalt und Nichtgewalt. Darauf kann man nur so ein kleines Streiflicht werfen, mit welchen Mitteln gegeneinanderstehen solche großen Kulturgebiete wie Westen und Osten. Man könnte auf vieles andere hinweisen, dass man wirklich immer hören kann wie eine innerliche Empörung über das, was sich herausgebildet hat als westliche Zivilisation. Das schreitet weiter.

Was in der letzten Zeit aufgetreten ist, was interessant zu beobachten ist, ist, dass ja die ganzen Völker, alle Völker, die ältere Kulturen haben, die nicht zur weißen Rasse gehören, dass sie alle so gegenüberstehen der europäisch-amerikanischen Zivilisation. Sie stellen die große Frage: in dem, was sich zeigt in der Missionsbestrebung, hat man mitsamt der westlichen Kultur mitgebracht das Christentum. Was am wenigsten verstehen die Menschen, das ist, wie ist es möglich, dass eigentlich der westlich amerikanisch europäische Mensch das Christentum vereinbaren kann mit dem, was da herüberkam, indem das Opium nach China kam. Es ist schwierig zurechtzukommen mit dieser doppelten Buchführung. Aber seit den letzten 10 Jahren ergab sich eine ungeheure Krisis in den Missionsbestrebungen. Die kommen nicht mehr durch mit dem Christentum, oder mit dem, was sie als Religiöses bringen wollen, gegenüber dem, was da vorhanden ist, mit dem, was vom Westen kommt.

Es ist schon so, wie in interessanter Weise der Weltreisende Collin Ros, der das Buch herausgegeben hat «Die Welt auf der Waage», sagt, wir stehen gegenüber allen anderen Völkern und die richten an uns die Frage, ja was habt Ihr denn mit dem Christentum gemacht! Wie verträgt sich das mit dem? Das ist tatsächlich heute als eine Frage da, nicht nur im Osten in dieser moralischen Empörung, sondern sie schließt sich zusammen, dass diese westlich europäische Zivilisation christlich zu sein vorgibt, und dass ein ungeheurer Weltwiderspruch da ist, wo gegeneinandersteht ein geistiges moralisches umfassendes Weltgefüge gegen den Prozess, der mit allen Mitteln eines modernen Verstandes ausgebildet hat die Technik, was jeden Tag in fürchterliche Kriege hineinführen kann. Der ganze Osten und ältere Menschheiten fragen und wollen hinhören auf das, was sich explosionsartig ausdehnt, welches wie von der Erde aufsteigt und die ganze Erde unter diesen Einfluss bringen will, wenn man das auf die Erde sich vollzogen denkt. Die alten Völker sind himmelsverbunden, die amerikanisch-europäische Zivilisation ist erdverbunden. Wie wenn der Himmel fragen würde, was habt ihr gemacht mit dem Christentum? Dem steht gegenüber in der Mitte, in Europa und Amerika solche großen Menschheitsauseinandersetzungen. Und während auf der einen Seite solche Verbundenheit ist, ist es so, dass auf der anderen Seite das Geistige sich regt und seine Fragen stellt und fragt, was ist aus mir geworden?

Man wird sich klar werden, dass der Ausgleich für diese Gegensätze aber nur kommen kann durch ein vermittelndes Element.

Ich möchte die Weltlage so charakterisieren. So ein vermittelndes Element fehlt vollständig. Wir haben da auf der einen Seite das, was ich charakterisiert habe, das Hereindringen des Amerikanismus herein in das Östliche; das eigentliche Opfer ist das englische Weltimperium. Wo die Völker im Osten dagegen aufstehen und flüchten sich nach dem Westen, wo es eine Rückwirkung findet, die es ganz gefährlich überwächst. Früher hat man gesagt, der kranke Mann in Europa ist Österreich, jetzt ist es England. Da sieht man deutlich, was die europäische Übermacht zusammengehalten hat, dass das im Westen und Osten eigentlich wankt. Wie das zusammenschlägt über dem, was nur unser gewohntes geistiges Leben ist. Es gibt noch etwas anderes. Sehen Sie, gerade hier in Mitteleuropa, wie von da sich ausbreitet über die ganze Welt, wie man da bemerkt das Gefühl für manche Dinge, die in Europa errungen werden, sich stark zurückbildet. In der französischen Revolution hat man gekämpft um die Menschenrechte, dass der Mensch sich frei hinstellen kann. Die französische Revolution ging vorüber, die Menschenrechte blieben erhalten. Freiheit im Geiste war es eben, die später aufgenommen worden ist, man hat gesprochen vom Humanismus. Der Mensch wurde in den Mittelpunkt gestellt. Was das Leben der Zeit Goethes ausmachte, kann man sich nicht denken ohne die französische Revolution. Ein Ideal war da, das machte den Menschen das Hinstreben möglich zum Menschenbild. Was mit der Freiheit des Geisteslebens zusammenhängt, das ist heute auf den verschiedenen Gebieten der Welt im Rückgang begriffen.

Wenn Sie sich klarmachen, wie, wenn Sie – sagen wir z. B. – folgendes nehmen, wie im 19. Jahrhundert der große Italiener Garibaldi auftritt. Wie er kämpft gegen Kirche und Staat, besonders aber gegen die Kirche, und Italien versucht zu befreien. Er hat große Sympathien, einen großen weiten Bundes von Menschen. Es gab in Europa viele Menschen, die waren da, wenn etwas sich abspielt. Es hat viele Menschen gegeben, die begeistert waren und die fragten, was wird mit Garibaldi sein. Da kam ein Schiff von den Vereinigten Staaten und holte ihn und brachte ihn nach Amerika … Nach einiger Zeit konnte er zurückkommen nach Italien. Es gab eine Art Menschheit von Sympathisch-Gesinnten gegenüber einer solchen Persönlichkeit.

Wenn Sie heute hinschauen, da haben Sie dort keine Freiheit, sondern da herrscht eine Persönlichkeit wie Mussolini, die alles, was Garibaldi geschaffen hat, ausgelöscht hat. Damals war es so, dass es eine Schicht von Menschen gab, wenn jemand hingerichtet worden ist, so hätte das Empörung hervorgerufen, – weil er seine freiheitlichen Gesichtspunkte hat gelten lassen wollen. Heute wäre das nicht der Fall, denn es ist eine gewisse Unfreiheit vorhanden. Es ist so, dass in Italien gar nicht gesprochen werden kann von einer Freiheit des Geistes. Da kann niemand sagen, was er denkt, da kann nicht einmal jemand irgend eine Funktion einnehmen im Staate, wenn er nicht denkt, was man da will. Das ist nicht nur in Italien, sondern auch in anderen Gebieten der Fall. Man kann fortwährend den Eindruck haben, dass die Errungenschaft, dass der Mensch als ein freies Wesen dastand, dass das im Rückgang begriffen ist. Mussolini sagt, die Menschenrechte verdummen die Menschen, das muss man wegschaffen. Es gab das Wort, dass die Menschenrechte etwas Schönes seien, aber besser sind die Kanonen. Diese Art von Gesinnung ist da und kann sich ausbreiten, und man kann fühlen, nicht nur im Süden, sondern das wird heute weit sich ausbreiten. Wie eine Gesinnung, dass man nicht aus Freiheit wird tun können, was man eigentlich will. Das kann man sehr gut sehen, dass da fortschreitet dieser Prozess. Ich habe gesagt, heute hat man den Eindruck, als wäre man hinter das Zeitalter der Aufklärung zurückgekommen, ja sogar bis hinter das Zeitalter der Reformation mit manchen Anschauungen, die man heute hat. Das ist deshalb so wichtig, weil ja gerade nur ein Ausgleich dieser Dinge kommen kann durch ein vermittelndes Element. In der Mitte Europas ist es so, dass man sich wenig besinnt auf das, was die Grundlagen dessen sind, was als Allergrößtes in Deutschland dagewesen ist. Denken Sie an folgende, höchst merkwürdige Symptome. Man hat etwas gemacht, was aus gutem Wollen hervorgegangen ist, was Anerkennung finden kann, dass der Goethepreis verliehen worden ist. Man hat ihn dem Begründer der Psychoanalyse in Wien gegeben, Professor Freud, einem der bekanntesten Menschen der Welt. Der hat versucht, das Unbewusste in der Seele in einer gewissen Weise zu analysieren. Und nicht vieles gibt es, was weniger zu tun gehabt hat, wie die von Freud begründete Psychoanalyse mit dem Goethepreis. […] Das ist ganz charakteristisch. Wem gibt man den Goethepreis? Dem, der am bekanntesten ist. Wenn Sie untersuchen irgend einen inneren Zusammenhang zwischen Goethe und Freud, da kann die Menschheit nicht den Eindruck bekommen, dass so ein innerer Zusammenhang da ist. Es ist kein Gefühl da, wenn man den Goethepreis mit innerem Gefühl gibt. Die Menschheit kann nicht den Eindruck bekommen, dass es so etwas noch gibt wie Mitteleuropa.

Z. B. wenn ein pädagogischer Kongress stattfindet, auf dem nun gestritten wird, ob die Schule dem Staat gehören müsse oder der Kirche, wo gestritten wird über pro und contra. In Wahrheit ist es so, dass die Schule weder den Konfessionen noch dem Staat gehören soll, sondern nur vorwärts kommen kann, wenn sie keinem von den beiden Mächten verfällt. Deutschland hat immer als dasjenige Land gegolten, wo man pädagogische Ideen bekommt und dann wird da öffentlich gestritten darüber, ob die Schule der Kirche oder dem Staate angehören soll. Das ist weit überholt, denn weder Staat noch Kirche können damit fertig werden. Damit will ich charakterisieren, wie wenig heute in dem, was sich abspielt öffentlich in Deutschland, in Mitteleuropa, wie wenig davon die Menschen befriedigen kann. Was sollte eigentlich ausgehen von hier aus? Da sollte ausgehen so etwas wie eine wirkliche Erneuerung des geistigen Lebens, neue geistige Ideen. Ob in Deutschland Kirche oder Staat jene Rechte erhalten soll, das ist nicht so wichtig wie die Frage, was denken eigentlich die Deutschen? Wenn die Deutschen sich verspekulieren – das macht nicht so viel aus, aber ob die Deutschen richtig oder falsch denken, das macht im Weltprozess etwas aus. Man hat auf die Mitte Europas gerechnet, gerade, dass sie Ideen produziert, neue Ideen, wie man eine Erziehung einrichten soll. So eine Erziehung, wie Dr. Steiner sie charakterisiert hat, die Erziehung, die versucht werden sollte, wie es in der Waldorfschule geschehen ist. Die frühere Erziehung, sie knüpft irgendwo noch an an das, was Tradition ist aus Rom und Griechenland. Das sind alte Erziehungen, die passen nicht in unsere moderne Zeit. Früher war es so, dass mit einem ungeheuren Widerstand sich nur hat durchsetzen können so etwas wie eine Realschule, wo nämlich nicht nur humane Sachen gelehrt werden, sondern Dinge, die mehr ins Praktische gehen. Mit der Einrichtung der Realschule war nicht das Eigentliche geschehen, sondern der Widerstand ist immer noch da, ein Widerstand gegen die Erziehungsweise, damit man das heraufkommen lässt, was angemessen ist. Diese Erziehung kann man nicht hinstellen wie eine sektiererische, sondern neue Gesichtspunkte sind da; und da hat Rudolf Steiner so etwas hingestellt wie einen Keim für ein ganzes Erziehungswesen in der Waldorfschule und man kann die Waldorfschule nicht so ansehen wie eine Versuchsschule, sondern daraufhin, wie durch sie hingestellt wird wie eine Möglichkeit, wie überhaupt erzogen werden kann, bis hinauf in die Hochschule. Die Möglichkeiten sind da, nur glauben die Menschen nicht so ohne weiteres daran, wenn sie sie nicht verwirklicht sehen, es ist die Möglichkeit eines neuen Erziehungswesens da. Die Zukunft ist möglich und muss die Erziehung der Jugend umgestalten. Da hat man einen Keim; wenn der noch so unvollkommen ist, wie Herr Boy in seiner Vorrede sagte, – nicht darauf ob vollkommen oder unvollkommen kommt es an, sondern ob man zu den Quellen zurückgehen kann. So eine neue Idee der Erziehung ist da.

Aber ähnliches gibt es in bezug auf viele Dinge. Was wird heute diskutiert über Landwirtschaft, wie bearbeitet man den Boden etc.? Wo bekommt man neue Gesichtspunkte her? Nicht nur die Erde ist wirksam, sondern das ganze Weltall! Vor einer neuen Wissenschaft stehen wir, in der man mitberücksichtigen wird, dass das ganze Weltall seine Einflüsse hat, nicht nur die Erde. Und solche Gesichtspunkte brauchen wir! In der Landwirtschaft wurde vergessen das ganze Weltall. Da gibt es manche Dinge, die da sind, und die sich heute herausbilden in Mitteleuropa. Und es ist die Frage da, wie kann man eine Brücke finden zwischen den großen Gegensätzen von Ost und West. Wer soll die ungeheuren Welt- und Menschheitsfragen lösen, wo sich gegenüberstellt der alten Kultur die der europäisch-amerikanischen Zivilisation? Und es ist ein großes Problem, wer soll denn Wissenschaft und Christentum verbinden, wo gibt es eine Wissenschaft davon? Das ist das Wichtigste für die heutige Zeit. Den Gegensatz von Glauben und Wissen hat das 19. Jahrhundert heraufbringen können, aber das 20. Jahrhundert kann damit gar nichts anfangen. Weil es das Wissen fertig hat, was im Gegensatz zu dem Traditionellen heute fertig ist. Wir stehen heute in einer Situation drinnen, in der wir etwas Zusammenfassendes brauchen. Wir können im 19. Jahrhundert verfolgen, wie es Menschen gab, die als Stütze ihres Innenlebens so etwas wie Religion gehabt haben. Wie vielen Menschen ist heute noch Religion Stütze ihres Innenlebens? – Zu Goethes Zeit gab es so etwas, dass die Menschen in der Kunstanschauung eine innere Stütze des Lebens hatten. Das ist völlig verschwunden, dass man in der Kunst etwas sehen kann, was Kultur-gestaltend ist. In der heutigen Kunst ist keine Rede davon. Sie muss sich behaupten, wo ihr ein Platz übrig bleibt. Das ist nicht anders mit der Wissenschaft. Seit dem Beginn des 20. Jahrhunderts ist es so, dass es da viele Menschen gibt, die sagen, Wissenschaft soll Religion werden. Das gab es damals noch, aber diese Menschen werden immer weniger. Ja, die Wissenschaft erfüllt doch nicht unsere inneren Seelenbedürfnisse. Der Mensch heute steht vor etwas, dass man sagen könnte: er glaubt an eine Erneuerung vom Geiste aus und das kann man nur durch jene Kräfte, die erfasst werden und die hineinwirken in die verschiedenen Lebensgebiete. Das könnte ausgehen von Mitteleuropa. Es ist sehr schwer. Man muss es einbeziehen in die Weltlage, die künftige Zeiten schwer begreifen werden, dass eine solche Erscheinung wie

Rudolf Steiner als völlig Unbekannter dastehen könnte, wo die Weltlage so ist, die ich Ihnen charakterisiert habe.

Für die heutige Menschheit gehört es dazu, dass es am allerschwersten ist, und selbst der nächste Konflikt nur aus weiten Gesichtspunkten gelöst werden kann. Dann haben Sie eigentlich etwas vor sich, was nur als der äußere Schaum vorhanden ist von dem, was wirklich an geistigen Realitäten vorhanden ist.

Der Weg kann heute nur gesucht werden, nur gefunden werden von einer Erneuerung des gesamten geistigen Lebens aus. Dass solche Dinge wie Ideen einer neuen Erziehung, Kunst, Religion, Impulse zu neuen Einsichten in eine geistige Welt, Umwandlung eines menschlichen Bewusstseins, damit die Menschheit um einen Schritt weiterkommt – dass solche Dinge nur lösen können die Konflikte, und dass das nur in der ganzen Menschheit sich vollziehen kann. Heute ist die ganze Menschheit geworden, es gibt nicht in Wahrheit diese einzelnen Vereinzelungen der Geschichte, sondern wir stehen vor einem gesamten Menschheitsprozess. Man muss sich klar darüber sein, dass man als Erwartender dastehen muss … So wie das Christentum sich entwickelt hat, so stehen wir heute noch da und es hängt von uns ab, ob wir die Weltlage so ansehen können, dass wir in ihr nur den Ausdruck von Vernichtung sehen. Wir stehen in dieser furchtbaren Weltlage drinnen und es bestehen tiefe geistige Erneuerungskräfte, die Kunst, Wissenschaft und Religion umfassen müssen, in dem, was Rudolf Steiner hingestellt hat in der Anthroposophie, von dem auch das, was Erziehung ist auf diesem Gebiete, seine Auswirkung hat. Man kann nicht sagen, dieses oder jenes ist das Allheilmittel, sondern man wird die heutige Weltlage so ansehen müssen, dass man einen Umwandlungsvorgang der ganzen Menschheitsgeschichte sich vollziehen sieht. Die Mitte

Europa, die das Produktive bringen sollte, sie stellt nur ein Gegenbild hin ... Aber diese Menschen, sie können in einem solchen Gedanken miteinander verbunden sein, – und in diesem Sinne möchte ich diese Weltbetrachtung ausklingen lassen. In eine lebendige Anschauung, die ich Ihnen vermitteln möchte, wie im Grunde die Lösung dieser ganzen Weltfrage herausgeboren werden kann aus einer solchen Erneuerung der Weltanschauung, wie sie gebracht worden ist durch Rudolf Steiner und wie sie ja durchaus nicht nur beschränkt ist auf so etwas wie der unmittelbare Kreis um die Anthroposophie ist, sondern was etwas ist, was allen Menschen zugänglich ist und mit dem sich alle Menschen verbunden fühlen können.

Das, was das Hinblicken ist auf gerade dieses Menschenbild, es kann nur so wachsen, dass es hineingetragen wird in die verschiedenen Lebensgebiete. Dieses Menschenbild, das hingestellt ist durch das ganze Tun und Werk Rudolf Steiners. Und wenn man sich auch klar ist, dass man nur mit schwachen Kräften das umgestalten kann zu demjenigen Wissen, das benötigt wird, so ist es doch ein in der Menschheit selber sich vollziehender Vorgang, wo eben der Versuch gemacht wird, dem, was wirklich heute an den verschiedenen Richtungen hin einseitig in den Tod hineingehen, Kräfte gegenüberzustellen, wie einen Weg, der hinführt zu einer Auferstehung des Geistes in der Menschheit.

*

Ita Wegman

«Um jede Seele wird gekämpft»

Jugendpädagogischer Brief an Ernst Lehrs[57]

Arlesheim, den 20. Januar 1931

Lieber Dr. Lehrs!

Ich möchte einmal einiges mit Ihnen besprechen. In der letzten Zeit beschäftige ich mich viel mit Pädagogik. Das kommt wohl durch die Kinder, die wir im Sonnenhof haben, durch den Schwesternkurs, wo wir auch Pädagogik beibringen müssen, auch wohl davon, weil ich hier und da doch die Gelegenheit habe, die Kinder, die in der Waldorfschule sind oder in anderen Schulen, zu beobachten und Gespräche mit ihnen zu führen. Nun habe ich die Entdeckung gemacht, dass die Kinder der jetzigen Zeit ganz anders schon denken und für ganz andere Dinge sich interessieren als die Kinder vor fünf oder sieben Jahren. Und ein Satz in Dr. Steiners Pädagogik, der für mich sehr wichtig ist, der besagt, die Pädagogik müsse sich richten nach dem, was in den Kinderseelen sich in dem Zeitalter, in dem man sich befindet, dem Lehrer entgegenkommt. Nun sieht man in diesen Kinderseelen, hauptsächlich ist das in Deutschland der Fall, ein kolossales Interesse für alles, was soziale Probleme sind, politische Probleme sind, für alles das, was national und international ist. Kinder von 14, 15 Jahren treten ein in die Organisationen von Kommunisten, in die Organisationen der Nationalsozialisten. Dieses konnte ich von Kindern hören, die nicht nur in gewöhnlichen Schulen, sondern auch in der Waldorfschule Schüler sind. Zu meinem größten Erstaunen las ich vor ein paar Tagen in einer Zeitung, die mir von Berlin zugeschickt wurde, «Die Brücke», wie in dieser Zeitung Kinder von verschiedenen Schulen von 14 bis 15 Jahren ihre Meinung über das politische Leben geben und was sie möchten, dass sie in den Schulen zu hören bekommen über diese Dinge, und man sieht, wie sie eigentlich eine Sehnsucht haben, in der richtigen Art geführt zu werden. Dann an die Pädagogik Rudolf Steiners wieder denkend, an diesen Satz, der da steht: «Die Pädagogik muss sich richten nach dem, was in den Herzen der Kinder lebt», so muss natürlich die Pädagogik Rudolf Steiners beweglich sein und sich richten, wenn sie richtig lebensvoll sein will, nach den Kindern, die sie zu erziehen hat. Und so kam in mir die Frage: Ist es denn gar nicht möglich, all diesen suchenden Seelen, die ganz sicher auch in der Waldorfschule sich befinden, ja vielleicht in ihr mehr als irgendwo anders, weil doch die Pädagogik Rudolf Steiners noch mehr weckt als andere Pädagogik, sodass sie für alles einen offenen Blick bekommt – all diesen Kindern etwas zu geben, für diese Kinder etwas einzurichten, was sie befriedigen könnte in ihrem Suchen nach sozialen Lösungen. Und ich dachte daran, ob nicht ein großzügig eingerichteter Kursus mit freier Diskussion über die Dreigliederung des sozialen Organismus, zu dem Kinder von 14 oder 15 Jahren ab Zutritt haben, aber mit einem Lehrer, zu dem sie frei sich aussprechen können, ob das nicht zu den Aufgaben gehört, lieber Dr. Lehrs, die von der Freien Gesellschaft einmal und speziell von Ihnen in die Hand genommen werden müssen. Ich habe so das Gefühl, dass wir als Anthroposophen unsere Aufgabe nicht erfüllen, wenn man um sich herum sieht die Not der Menschenseelen und hauptsächlich die Not der Kinderseelen, die von allen Seiten her von bestehenden Organisationen gepackt werden, ihre jungen Gehirne modelliert werden nach bestehenden Maximen, sodass dann später gar keine Möglichkeit mehr ist, das, was in diesem Alter an die Kinder herangekommen ist, auf irgend eine Weise wieder wegzuschaffen und das was Rudolf Steiner wollte: Schulen für Kinder zu bilden, damit Möglichkeiten bestehen, durch eine richtige Pädagogik an den Kindern wahre Menschen zu erziehen, nicht ganz zu dem kommt, zu dem es eigentlich kommen müsste, weil die Waldorfkinder ebenso den Gefahren der jetzigen Kultur ausgesetzt sind wie andere Kinder. Man könnte da natürlich die Antwort geben, in der Waldorfschule werde den Kindern soviel Positives gebracht, dass das was negativ herankommt, nicht die Wirkung haben wird wie bei anderen Kindern. Es kann schon sein, dass das eine sichere Balancierung gibt, aber man darf doch nicht vergessen, dass die Jugend eigentlich sucht nach ganz großen Aufgaben, nach begeisternder Arbeit, nach großen Zielen, und das, was Sensation ist, aufsucht und sich von dem, was von der Politik ausgeht, auf diese oder jene Art begeistern lässt. Ich könnte mir z. B. wohl das als heilenden Faktor denken, wenn man eine Liga bilden würde von jungen Menschen, die mit Begeisterung für die Dreigliederung sich einsetzen würden, und wenn Kurse und Diskussionen und alle möglichen Dinge eingesetzt würden für diese Kinder, auch Kurse für soziale Probleme usw. Ich habe so stark im Empfinden, dass der Doktor das auch gemeint hat mit der Arbeit der Jugendsektion, obgleich er da eher gedacht hat an Jugend in den höheren

Klassen der Schulen und die gerade aus den Schulen Herauskommenden. Mir kam es vor, als ich so darüber nachdachte über die Pädagogik, als ob doch, wenn man nicht aufpasst, gerade Rudolf Steiners Pädagogik festgesetzt wird und man da nicht beweglich genug ist, um mit dem Wandel der Zeiten einiges noch hinzuzufügen, was für diese Kinder ungeheuer wichtig ist für ihre Entfaltung und Entwicklung.

Lieber Dr. Lehrs, ich will gar nicht irgend weiter etwas sagen, ich will nur diese meine Sorgen Ihnen mitteilen und aufmerksam machen darauf, dass wir ja doch aufpassen müssen, dass wir nicht allmählich die Jugend verlieren, auch die Jugend, die die Waldorfschule besucht hat, und auch die Jugend, die noch in der Waldorfschule sich befindet. Um jede Seele wird gekämpft. Wir müssen das wohl bedenken, und die Lehrer haben eine große Verantwortung diesen Seelen gegenüber. Vielleicht haben wir einmal Möglichkeiten, in dieser Richtung noch miteinander zu sprechen.

Hoffentlich nehmen Sie es mir nicht übel, dass ich das geschrieben habe. Es ist nichts anderes gemeint, als von Ihnen zu hören, was Sie selber darüber denken und von Ihren Erfahrungen zu hören.

Mit herzlichem Gruß
Ihre Dr. I. Wegman

Literaturverzeichnis

a) Im Text und in den Anmerkungen direkt zitierte Werke Rudolf Steiners

GA 31 Gesammelte Aufsätze zur Kultur- und Zeitgeschichte (1887–1901): 3. Auflage 1989.

GA 34 Lucifer-Gnosis (1903–1908): 2. Auflage 1987.

GA 40 Wahrspruchworte (1886–1925): 8. Auflage 1998.

GA 53 Ursprung und Ziel des Menschen (1904/5): 2. Auflage 1981.

GA 55 Die Erkenntnis des Übersinnlichen in unserer Zeit (1906/7): 2. Auflage 1983.

GA 58 Metamorphosen des Seelenlebens – Pfade der Seelenerlebnisse (1909/10): 1. Auflage 1984.

GA 61 Menschengeschichte im Lichte der Geistesforschung (1911/12): 1. Auflage 1962.

GA 76 Die befruchtende Wirkung der Anthroposophie auf die Fachwissenschaften (1921): 2. Auflage 1977.

GA 81 Erneuerungs-Impulse für Kultur und Wissenschaft (1922): 1. Auflage 1994.

GA 82 Damit der Mensch ganz Mensch werde (1922): 2. Auflage 1994.

GA 83 Westliche und östliche Weltgegensätzlichkeit (1922): 3. Auflage 1981.

GA 84 Was wollte das Goetheanum und was soll die Anthroposophie? (1923/4): 2. Auflage 1986.

GA 94 Kosmogonie (1906): 1. Auflage 1979.

GA 107 Geisteswissenschaftliche Menschenkunde (1908/9): 5. Auflage 1988.

GA 118 Das Ereignis der Christus-Erscheinung in der ätherischen Welt (1910): 3. Auflage 1984.

GA 124 Exkurse in das Gebiet des Markus-Evangeliums (1910/11): 4. Auflage 1995.

GA 143 Erfahrungen des Übersinnlichen (1912): 4. Auflage 1994.

GA 176 Menschliche und menschheitliche Entwicklungswahrheiten (1917): 2. Auflage 1982.

GA 192 Geisteswissenschaftliche Behandlung sozialer und pädagogischer Fragen (1919): 2. Auflage 1991.

GA 193 Der innere Aspekt des sozialen Rätsels (1919): 4. Auflage 1989.

GA 200 Die neue Geistigkeit und das Christus-Erlebnis des zwanzigsten Jahrhunderts (1920): 3. Auflage 1980.

GA 201 Entsprechungen zwischen Mikrokosmos und Makrokosmos (1920): 2. Auflage 1987.

GA 210 Alte und neue Einweihungsmethoden (1922): 2. Auflage 2001.

GA 217 Geistige Wirkenskräfte im Zusammenleben von alter und junger Generation (1922): 6. Auflage 1988.

GA 217a Die Erkenntnis-Aufgabe der Jugend (1920–24): 2. Auflage 1981.

GA 218 Geistige Zusammenhänge in der Gestaltung des menschlichen Organismus (1922): 3. Auflage 1992.

GA 222 Die Impulsierung des weltgeschichtlichen Geschehens durch geistige Mächte (1923): 4. Auflage 1989.

GA 236 Esoterische Betrachtungen karmischer Zusammenhänge. Band II (1924): 6. Auflage 1988.

GA 239 Esoterische Betrachtungen karmischer Zusammenhänge. Band V (1924): 3. Auflage 1985.

GA 260a Die Konstitution der Allgemeinen Anthroposophischen Gesellschaft und der Freien Hochschule für Geisteswissenschaft (1924): 2. Auflage 1987.

GA 263/1 Rudolf Steiner / Edith Maryon: Briefwechsel (1912–24): 1. Auflage 1990.

GA 293 Allgemeine Menschenkunde als Grundlage der Pädagogik (1919): 9. Auflage 1992.

GA 294 Erziehungskunst. Methodisch-Didaktisches (1919): 4. Auflage 1966.

GA 296 Die Erziehungsfrage als soziale Frage (1919): 4. Auflage 1991.

GA 298 Rudolf Steiner in der Waldorfschule (1919–34): 2. Auflage 1980.

GA 300b Konferenzen mit den Lehrern der Freien Waldorfschule (1921–23): 2. Auflage 1995.

GA 300c Konferenzen mit den Lehrern der Freien Waldorfschule (1923–24): 2. Auflage 1995.

GA 302 Menschenerkenntnis und Unterrichtsgestaltung (1921): 5. Auflage 1986.

GA 302a Erziehung und Unterricht aus Menschenerkenntnis (1920–23): 4. Auflage 1993.

GA 303 Die gesunde Entwicklung des Menschenwesens (1921/22): 4. Auflage 1987.

GA 304 Erziehungs- und Unterrichtsmethoden auf anthroposophischer Grundlage (1921/22): 1. Auflage 1979.

GA 304a Anthroposophische Menschenkunde und Pädagogik (1923/24): 1. Auflage 1979.

GA 305 Die geistig-seelischen Grundkräfte der Erziehungskunst (1922): 3. Auflage 1991.

GA 306 Die pädagogische Praxis (1923): 4. Auflage 1989.

GA 307 Gegenwärtiges Geistesleben und Erziehung (1923): 5. Auflage 1986.

GA 308 Die Methodik des Lehrens und die Lebensbedingungen des Erziehens (1924): 5. Auflage 1986.

GA 309 Anthroposophische Pädagogik und ihre Voraussetzungen (1924): 5. Auflage 1981.

GA 310 Der pädagogische Wert der Menschenerkenntnis und der Kulturwert der Pädagogik (1924): 4. Auflage 1989.

GA 311 Die Kunst des Erziehens aus dem Erfassen der Menschenwesenheit (1924): 5. Auflage 1989.

GA 312 Geisteswissenschaft und Medizin (1920): 6. Auflage 1985.

GA 316 Meditative Betrachtungen und Anleitungen zur Vertiefung der Heilkunst (1924): 4. Auflage 2002.

GA 317 Heilpädagogischer Kurs (1924): 8. Auflage 1995.

GA 343 Vorträge und Kurse über christlich-religiöses Wirken, II (1921): 1. Auflage 1993.

GA 348 Über Gesundheit und Krankheit. Grundlagen einer geisteswissenschaftlichen Sinneslehre (1922–23): 4. Auflage 1997.

b) Berücksichtigte Sekundärliteratur

Ausubel, David P.: Das Jugendalter. München 1968.

Backe, Dieter: Die 13- bis 18jährigen. Weinheim/Basel 1983.

Beichler, Christa/Klein, Elisabeth: Vom Umgang mit Jugendlichen heute. Schaffhausen 1977.

Blankenburg, Wolfgang: Schizophrene Psychosen in der Adoleszenz. In: Bull. Inst. Med. Kumamoto University Nr. 48, 1983, S. 33ff.

Bühler, Charlotte: Das Seelenleben des Jugendlichen. Wien 1921.

Dietler, Urs: Jugend im Wandel. Pädagogik im Umbruch. Heidelberg 2003.

Dietz, Karl-Martin: Freiheit oder Anpassung – zur Aktualität des ethischen Individualismus. Heidelberg 2001.

– Erziehung in Freiheit. Rudolf Steiner über Selbständigkeit im Jugendalter. Heidelberg 2003.

Doosry, Mona: Zwischen Pubertät und Mündigkeit. Erziehungsaufgaben im Jugendalter. Heidelberg 2003.

Eggers, Christian/Lempp, Reinhard/Nissen, Gerhard/Strunk, Peter: Kinder- und Jugendpsychiatrie. Berlin/Heidelberg/New York 1970.

Fucke, Erhard: Die Bedeutung der Phantasie für Emanzipation und Autonomie des Menschen. Stuttgart 1972.

– Lernziel: Handeln können. Erfahrungen und Überlegungen zu einem erweiterten Bildungskonzept. Frankfurt 1981.

– Grundlinien einer Pädagogik des Jugendalters. Zur Lehrplankonzeption der Klassen 6 bis 10 an Waldorfschulen. Stuttgart 1991.

Glueck, Sheldon und Eleanor: Jugendliche Rechtsbrecher. Stuttgart 1963.

Grosse, Rudolf: Erlebte Pädagogik. Dornach 1986.

Helsper, Werner et al.: Jugendliche Außenseiter. Zur Rekonstruktion gescheiterter Bildungs- und Ausbildungsverläufe. Opladen 1991.

Huber-Reebstein, Elisabeth/Huber, Hellmut: Ausführungen Rudolf Steiners zum Verständnis des 3. Jahrsiebtes in seinem allgemeinen Vortragswerk. 2 Bände. Stuttgart 1982.

Hurrelmann, Klaus/Rosewitz, Bernd/Wolf, Hartmut K.: Lebensphase Jugend. Weinheim/München 1985.

Iwan, Rüdiger: Ansätze zur Entwicklung einer neuen Oberstufengestalt. Stuttgart 2003.

– Phantasie und Verantwortung. Projektunterricht als Anliegen der Waldorfpädagogik. Heidelberg 2004.

Kiersch (Hg.): Rudolf Steiner – Quellentexte für die Wissenschaften. Texte zur Pädagogik. Dornach 2004.

Köhler, Henning: Jugend im Zwiespalt. Stuttgart 1990.

Kolisko, Eugen: Vom therapeutischen Charakter der Waldorfschule. Dornach 2002.

Kretschmer, Wolfgang: Reifung als Grund von Krise und Psychose. Stuttgart 1972.

Leber, Stefan: Die Menschenkunde der Waldorfpädagogik. Stuttgart 1993.

Lempp, Reinhard: Psychosen im Kindes- und Jugendalter. Eine Realitätsbezugsstörung. Bern/Stuttgart/Wien 1973.

Muchow, Hans Heinrich: Flegeljahre. Beiträge zur Psychologie und Pädagogik der «Vorpubertät». Ravensburg 1950.

– Sexualreife und Sozialstruktur der Jugend. Hamburg 1959.

Müller-Wiedemann, Hans: Mitte der Kindheit. Stuttgart 1989.

Nissen, Gerd (Hg.): Psychiatrie des Pubertätsalters. Bern/Stuttgart/Wien 1985.

– Psychische Störungen im Kindes- und Jugendalter. Darmstadt 1986.

Rebmann, Hans: Das dritte Jahrsiebt. Ausführungen Rudolf Steiners in seinen pädagogischen Vorträgen. Stuttgart 1977.

Remschmidt, Helmut/Schmidt, Martin H.: Kinder- und Jugendpsychiatrie in Klinik und Praxis. Stuttgart/New York 1985.

Schad, Wolfgang: Erziehung ist Kunst. Pädagogik aus Anthroposophie. Frankfurt 1986.

Schurian, Walter: Psychologie des Jugendalters. Opladen 1989.

Selg, Peter: Vom Logos menschlicher Physis. Die Entfaltung einer anthroposophischen Humanphysiologie im Werk Rudolf Steiners. Dornach 2000.

– Rudolf Steiner – Quellentexte für die Wissenschaften. Band 3. Physiologische Menschenkunde. Dornach 2004.

- Krankheit, Heilung und Schicksal des Menschen. Über Rudolf Steiners geisteswissenschaftliches Pathologie- und Therapieverständnis. Dornach 2004.

Sleigh, Julian: Freiheit erproben. Das dreizehnte bis neunzehnte Lebensjahr. Stuttgart 1992.

Spranger, Eduard: Die Psychologie des Jugendalters. Leipzig 1924.

Staley, Betty: Pubertät. Stuttgart 1995.

Steiner, Rudolf: Gesamtausgabe (GA). Dornach 1956ff.

Steinhausen, Hans-Christoph: Psychische Störungen bei Kindern und Jugendlichen. München/Wien 1987.

Suchantke, Andreas/Leber, Stefan/Schad, Wolfgang: Die Geschlechtlichkeit des Menschen. Stuttgart 1991.

Tautz, Johannes: Lehrerbewusstsein im 20. Jahrhundert. Erlebtes und Erkanntes. Dornach 1995.

Zimmermann, Heinz: Was kann die Pädagogik des Jugendalters zur Willenserziehung beitragen. Heidelberg 2002.

Anmerkungen

1 Rudolf Steiner wird hier und nachfolgend nach dem Wortlaut der Rudolf Steiner Gesamtausgabe zitiert (Rudolf Steiner Verlag, Dornach), wobei die erste Zahl in den Klammern stets den Band der Gesamtausgabe, die zweite die zitierten Seiten benennt.

2 Caroline von Heydebrand (Hg.): *Rudolf Steiner in der Waldorfschule.* Stuttgart 1927, S. 52.

3 In gewisser Hinsicht ist die «Krise» – verstanden als «Entscheidung in einem Zustande, in dem Altes und Neues […] miteinander streiten» (Jacob und Wilhelm Grimm: Deutsches Wörterbuch. Leipzig 1873. Band 5, Spalte 2332) – dem Jugendalter strukturimmanent. Gehört zur Krise als einem Phänomen der Zeitlichkeit menschlicher Existenz die Auflösung und Neubildung tragender Daseins-(oder Inkarnations-)strukturen, damit auch der Abbruch und Umbruch des Gewordenen zugunsten neuer, in sich jedoch gefährdeter Freiheitsgrade, so verdeutlicht jede nähere Betrachtung der Jugendzeit die Tragfähigkeit dieses Begriffes für die notwendige Dysbalance der Reifezeit (s. unten).

4 Die einzigartige geistige «Präsenz» Rudolf Steiners in der ersten Stuttgarter Waldorfschule bzw. Steiners gesamte Beziehung zu der von ihm geleiteten Schule sollte mit Dringlichkeit und in ihrem ganzen Umfang aufgearbeitet werden; neben den von Karl Schubert mitstenographierten Lehrerkonferenzen, den pädagogischen (und allgemein-anthroposophischen) Vortragskursen und Ansprachen sowie zahlreichen Dokumenten des Rudolf Steiner Archivs sind bei der Bearbeitung einer solchen, für die Zukunft der Waldorfschulbewegung meines Erachtens essentiellen Monographie auch die von Caroline von Heydebrand 1927 herausgegebenen Erinnerungen des Lehrerkollegiums (vgl. Anm. 2) und verschiedene Erinnerungsberichte von Schülern der oberen Klasse (s. auch unten) vorrangig zu berücksichtigen.

5 Erhard Fucke: *Grundlinien einer Pädagogik des Jugendalters. Zur Lehrplankonzeption der Klassen 6 bis 10 an Waldorfschulen.* Stuttgart 1991.

6 Karl-Martin Dietz: *Erziehung in Freiheit. Rudolf Steiner über Selbständigkeit im Jugendalter.* Heidelberg 2003.

6a Ebd., S. 8.

7 Fucke, a.a.O., S. 212; im Nachwort seines Buches schrieb Erhard Fucke diesbezüglich u.a.: «Anlässlich des siebzigjährigen Bestehens der Waldorfschule wurde mancher Rückblick getan. Verständlicherweise wurde dabei in erster Linie auf die Erfolge der Waldorfschulbewegung geschaut, auch auf die vielen Anregungen, die von ihr für das staatliche Schulwesen ausgegangen sind. Das ist berechtigt. Auch diese Schrift vertritt die großartigen Anregungen, die von der Waldorfpädagogik für das gesamte Erziehungswesen ausgehen können. – Der Autor glaubt aber, den Absichten Rudolf Steiners auch dadurch gerecht werden zu müssen, dass er da und dort auf noch unerfüllte Intentionen des Begründers aufmerksam macht. Man mache sich klar, dass Rudolf Steiner mit Bedingungen arbeiten musste, die nicht ohne weiteres schnell zu verändern waren: die Lehrer, die Schulgesetzgebung, die Zeitumstände und so weiter. – Wer wie ich noch einzelne Lehrer, die unter Rudolf Steiner arbeiteten, persönlich kennen lernte, blickt dankbar auf diese Begegnungen zurück. Schon deshalb, weil sie einem für die Stimmung, die bei der Begründung der ersten Waldorfschule herrschte, die Augen öffneten und man wesentliche persönliche Förderung durch sie erfuhr. Trotzdem wird man – etwa beim Lesen der Konferenzen – gewahr, dass einzelne Lehrer Rudolf Steiner in bestimmten Situationen nicht verstanden, ja aus Unverständnis seine Intentionen blockierten oder gar lahmlegten. Sozial wirksam werden solche Intentionen erst durch die Art, wie sie aufgenommen werden. In diesem Sinne wird der Schöpfer der Waldorfpädagogik abhängig von der Verständniskraft derer, welche die Intentionen realisieren.» (Ebd., S. 211.)

8 Vgl. z.B. Iwan, Rüdiger: *Ansätze zur Entwicklung einer neuen Oberstufengestalt.* Stuttgart 2003; *Phantasie und Verantwortung. Projektunterricht als Anliegen der Waldorfpädagogik.* Heidelberg 2004.

9 Zu den Begriffen von *Sinnenreife*, *Atemreife* und *Erdenreife* vgl. Rudolf Steiners Vortrag vom 25.6.1924 («Heilpädagogischer Kurs», GA 317). Rudolf Steiners Entwicklungsphysiologie und die Formulierungen des zitierten Vortrages sprechen dafür, dass erst zur Zeit der *Erdenreife* alle drei physiologischen Funktionssysteme ihre letztendliche Ausbildung oder «Reife» erreichen, die *Erdenreife* demnach die drei physiologischen Wirkebenen der *Sinnenreife* (Nerven-Sinnessystem), *Atemreife* (Rhythmisches System) und der *Geschlechtsreife* (Stoffwechsel-Gliedmaßensystem) impliziert («Man sollte daher im Grunde sprechen von einer Erdenreife, nicht von einer Geschlechtsreife, und sollte unter die Erdenreife stellen die Sinnenreife, Atemreife, und eine Unterabteilung sollte auch sein die Geschlechtsreife.» 317, 18). Zugleich sollte berücksichtigt werden, dass die drei Systeme tatsächlich in abwärtsgerichteter Inkarnationsbewegung ihre Ausbildung erhalten und bereits das erste bzw. zweite Lebensjahrsiebt die relative *Sinnen-* und *Atemreife* mit sich bringen (vgl. bzgl. der Ausbildung des Rhythmischen Systems im zweiten Lebensjahrsiebt beispielsweise Steiners umfassende Darstellungen in Peter Selg: *Vom Logos menschlicher Physis*. Dornach ¹2000, S. 613ff.). Inwiefern in der Jugendzeit dann jedoch noch eine qualitative Weiterentwicklung der einzelnen funktionellen Organisationen stattfindet, deutete Steiner nicht nur durch die Umbildungsprozesse des Herzorganismus als Teil des Rhythmischen Systems an (vgl. Anm. 22), sondern auch durch den Hinweis, dass erst nach der Geschlechtsreife die Willenstätigkeit die menschliche Sinnesperipherie zu durchdringen und mitzubestimmen vermag (was von Rudolf Steiner als Mitvoraussetzung der adulten Sinnesfähigkeit und des intellektuellen Weltbezuges beschrieben wurde; vgl. GA 218, Vortrag vom 19.11.1922 in London, sowie Anm. 29).

10 «Die Nachahmung ist im Grunde genommen nichts anderes als ein Weiterleben dessen, was in ganz anderer Form vor der Geburt oder Empfängnis in der geistigen Welt vorhanden war, wo das Untertauchen des einen Wesens in das andere vorhanden war; das drückt sich dann in der Nachahmung des Kindes gegenüber seiner Menschenumgebung als Nachklang des geistigen Erlebens aus.» (200, 115)

11 Zu Rudolf Steiners Begriff des «Nerven-Sinnessystems» vgl. Peter Selg: *Vom Logos menschlicher Physis*, S. 428ff., und Peter Selg (Hg.): *Rudolf Steiner – Quellentexte für die Wissenschaften. Band 3. Physiologische Menschenkunde.* Dornach 2004, S. 247ff.

12 Vgl. hierzu die entsprechenden Darstellungen Rudolf Steiners in Peter Selg: *Vom Logos menschlicher Physis*, S. 593ff., und in Peter Selg (Hg.): *Rudolf Steiner – Quellentexte für die Wissenschaften. Band 3. Physiologische Menschenkunde*, S. 155ff.

13 Zu Rudolf Steiners Begriff des «Rhythmischen Systems» vgl. Peter Selg: *Vom Logos menschlicher Physis*, S. 505ff., und Peter Selg (Hg.): *Rudolf Steiner – Quellentexte für die Wissenschaften. Band 3. Physiologische Menschenkunde*, S. 386ff.

14 Vgl. Peter Selg: *Vom Logos menschlicher Physis*, S. 613ff., bzw. *Rudolf Steiner – Quellentexte für die Wissenschaften. Band 3. Physiologische Menschenkunde*, S. 185ff.

15 Vgl. hierzu die methodisch vorbildliche Monographie von Hans Müller-Wiedemann: *Mitte der Kindheit. Das neunte bis zwölfte Lebensjahr. Beiträge zu einer anthroposophischen Entwicklungspsychologie.* Stuttgart 1973.

16 «Das Kind ist durchdrungen von seinem Zahnwechsel bis zur Geschlechtsreife von einem ästhetischen Auffassen der Umgebung, einem ästhetischen, von Liebe durchdrungenen Auffassen der Umgebung.» (218, 232, s. a. unten)

17 Zu Rudolf Steiners Begriff des «Stoffwechsel-Gliedmaßensystems» vgl. Peter Selg: *Vom Logos menschlicher Physis*, S. 475ff., und Peter Selg (Hg.): *Rudolf Steiner – Quellentexte für die Wissenschaften. Band 3. Physiologische Menschenkunde*, S. 327ff.

18 «[…] Dann, wenn die Geschlechtsreife vorüber ist, strahlt […] vom Bewegungssystem und Verdauungssystem her das Krankwerden von innen aus. […] Jetzt können wir auch an der Pathologie eben sehen, wie beim Erwachsenen vorzugsweise vom Stoffwechselsystem die Krankheit ausstrahlt – sogar die Migräne ist eine Stoffwechselkrankheit –, wie die Krankheiten nicht vom Kopf ausstrahlen, während beim Kinde alles vom Kopf ausstrahlt.» (306, 157/69) Vgl. hierzu auch Peter Selg (Hg.): *Rudolf Steiner – Quellentexte für die Wissenschaften. Band 3. Physiologische Menschenkunde*, S. 231ff.

19 «[…] Unser Haupt, das eigentlich organisiert ist auf das Außer-

irdische, würde jene starken Kräfte, die von unserem Stoffwechsel aus als Willensträger in das Haupt hineinschießen wollen, nicht ohne weiteres aufnehmen können. Diese Kräfte müssen sich zuerst stauen. Diese Kräfte müssen zuerst haltmachen, bevor sie genügend filtriert, genügend verdünnt, verseelt sind, um im Haupte sich geltend machen zu können. Und diese Etappe machen diese Kräfte durch am Ende des zweiten Lebensjahrsiebtes, wenn sich die Kräfte des Willens in der Kehlkopforganisation stauen, wenn sie so in dem Menschen aufschießen, dass sie sich sogar in der männlichen Organisation – in der weiblichen zeigt sich das etwas anders – in der Umwandelung der Stimme geltend machen. Das sind die Willenskräfte, die, bevor sie zum Haupt schießen, Halt machen, so dass wir sagen: am Ende unseres zweiten Lebensjahrsiebts stauen sich die Willenskräfte in unserer Sprachorganisation. Dann sind sie genügend filtriert, genügend verseelt, um nun sich in unserer Hauptesorganisation geltend machen zu können. Dann sind wir so weit, wenn wir geschlechtsreif geworden sind und auch dasjenige haben, was der Geschlechtsreife parallel geht, die Umwandelung des Sprechens, dann sind wir so weit, dass durch unser Haupt zusammenwirken können in unserem irdischen Menschen Vorstellung und Wille.» (201, 150)

20 Zur entwicklungsphysiologischen Situation des Sprachwandels zur Reifezeit vgl. die differenzierten Aussagen Rudolf Steiners in dem Kapitel «Die Kräftedynamik des puberalen Stimmwechsels und die innerliche Aneignung gesprochener Sprache» in Peter Selg: *Vom Logos menschlicher Physis*, S. 620f. Darüber hinaus sollte beachtet werden, dass Steiner die gesamtorganismischen Vorgänge der Geschlechtsreife als eine generelle Metamorphose der kindlichen Sprachentwicklung detailliert beschrieb («Was mit der Geschlechtsreife auftritt, indem es den ganzen Menschen ergreift, indem es gewissermaßen ein Verhältnis herausbildet des ganzen Menschen zu seiner Umgebung, das wird, ich möchte sagen, in einer anderen Metamorphose vorausgenommen in dem Augenblicke, wo sich die Sprache des Kindes entwickelt.» 76, 134, Vortrag vom 7.4.1921) und am 11.3.1923 in Dornach die spirituellen Implikationen der jugendlichen Sprachorganisation erstmals kenntlich machte.

Im Rückblick auf die Sprachentwicklung und -bedeutung im ersten und zweiten Lebensjahrsiebt und mit Thematisierung der nächtlichen Nachwirkung der gehörten und gesprochenen Sprache hieß es dort: «Nun ist bis zum siebenten Lebensjahre das, was da vom Einschlafen bis zum Aufwachen in der schlafenden Kindesseele nachklingt, außerordentlich stark abhängig von der menschlichen Umgebung. Was Vater und Mutter, was die andere menschliche Umgebung als Gefühls-, Willens- und Denkleben in den Worten auslebt, die das Kind hört, das klingt nach in der Kindesseele vom Einschlafen bis zum Aufwachen, und diese Kindesseele ist ganz hingegeben an dasjenige, was aus dem Herzen, aus der Seele der menschlichen Umgebung in die Worte hineingelegt wird. Viel inniger verbinden sich da Gefühle, die das Kind erlebt, durch die Sprache der Älteren, viel inniger verbinden sich da Gefühle und Willensimpulse und Gedanken mit den Lauten. Das Kind ist eben ganz hingegeben an alles, was es in der Umgebung erlebt. – Schon weniger ist das der Fall in dem zweiten menschlichen Lebensalter, vom siebenten bis zum vierzehnten Jahre; doch ist es immer noch in einem hohen Grade der Fall. Aber mit der Geschlechtsreife, mit dem vierzehnten Jahre beginnt etwas ganz Besonderes: da wird das, was aus der Sprache nachlebt in der schlafenden Seele, durch seine eigene Wesenheit so, dass es eine Beziehung eingehen will zur geistigen Welt. – Es ist also etwas höchst Merkwürdiges. Man möchte sagen: Bis zum siebenten Lebensjahre will das Kind auch im Schlafe sich noch verständigen mit dem, was es von den Menschen seiner Umgebung hört; in gewissem Sinne auch noch vom siebenten bis zum vierzehnten Jahre, nur dass es da mehr eingeht auf das eigentliche Seelenleben der Umgebung, während es bis zum siebenten Jahre mehr auf die Äußerlichkeiten des Lebens eingeht. Aber nach dem vierzehnten Lebensjahre, nach dem Einsetzen des Geschlechtslebens, tritt für die schlafende Seele des Menschen die Notwendigkeit ein, sich in dem, was da als Nachklang der Sprache im Schlafen weiterlebt, mit Wesen der geistigen Welt zu verständigen. Wie gesagt, es ist sehr merkwürdig. Das wird ja den Menschen für das gewöhnliche Leben nicht bewusst, aber es tritt im Schlafe die Notwendigkeit auf, dass das Seelenleben das Sprachliche des

Erdenlebens so nachklingen lässt, dass die Erzengelwelt, die Archangeloiwelt an diesem nachklingenden Sprachleben ihr Wohlgefallen haben kann. – Man kann schon sagen: Es tritt für den Menschen die Notwendigkeit ein, sich mit der Erzengelwelt durch dasjenige Sprachliche zu verständigen, das ihm im schlafenden Zustand als Nachklang der äußeren Erdensprache bleibt. Da klingen die Worte des Tages nach in einer merkwürdigen Weise: innerlich vertieft alles Vokalische, bis zur Gegenständlichkeit von bewegten Formen gehend das Konsonantische. Das wird erlebt. Und die schlafenden Seelen würden sich unglücklich fühlen, wenn das, was da nachklingt, nicht eine Sprache wäre, die nun ähnlich klänge dem, was von der Sprache der Erzengel von der anderen Seite her tönt. Da kann eine Harmonie sein zwischen dem, was als Nachklang der Sprache in den Schlaf hineintönt, und dem, was da von allen Seiten des Weltenalls aus dem Astralischen heraus die Erzengelwelt in ihrer Sprache ertönen lässt. – Der Mensch entwickelt sich eben in seinem Ich und in seinem astralischen Leibe so, dass er ungefähr von seinem vierzehnten Lebensjahre an zwischen dem Einschlafen und dem Aufwachen, wenn ich mich so ausdrücken darf, einen Umgang zu pflegen hat mit Engeln und Erzengeln, dass er darauf angewiesen ist, während dieses Umganges sich mit Engeln und Erzengeln zu verständigen. Das ist ein tiefes Geheimnis des Menschenlebens.» (222, 13ff.; zur Bedeutung einer von *Idealen* [s. den weiteren Text und Anm. 37] getragenen bzw. diese verkörpernden Sprache für den Bezug zu den höheren Hierarchien vgl. Rudolf Steiners nachfolgende Ausführungen im selben Vortragszusammenhang vom 11.3.1923, aber auch die inhaltlich anschließenden Darstellungen vom 12.3. 1923 [GA 222], 18.4.1923 [GA 224], 18.5.1923 [GA 225] und 23.5.1923 [GA 224].)

21 Zur Evolution und zukünftigen Weiterentwicklung von Kehlkopf und Herz vgl. die entsprechenden Aussagen Rudolf Steiners in Peter Selg: *Vom Logos menschlicher Physis*, S. 171ff.

22 Vgl. hierzu den umfassenden Herz-Vortrag Rudolf Steiners vom 26.5.1922 (GA 212) sowie die Aufarbeitung dieser Thematik in Steiners weiterem Vortragswerk in Peter Selg: *Mysterium cordis. Von der Mysterienstätte des Menschenherzens. Studien zu*

einer sakramentalen Physiologie des Herzorgans. Aristoteles – Thomas von Aquin – Rudolf Steiner. Dornach 2003. Zu berücksichtigen ist in diesem entwicklungsphysiologischen Gesamtzusammenhang dabei auch, dass nach Rudolf Steiner mit dem Eintritt in die Erden- und Reifezeit des Jugendalters – und in die damit verbundene, für die Erdentwicklung zentrale Wirkungssphäre der 2. Hierarchie («Mit dem 14. Lebensjahre beginnt die zweite Hierarchie zu wirken: Exusiai, Dynamis, Kyriotetes.» 236, 192) – nicht nur die eigenen Handlungen und Handlungsintentionen sich dem Schicksal bzw. werdenden Karma einzuschreiben beginnen, sondern auch das individuelle Vergangenheitskarma mit seiner Wirksamkeit anhebt («[...] daher das eigene Karma erst nach der Geschlechtsreife zu wirken beginnt». 316, 153). In einer Ausführung über die zeitgenössische Jugendbewegung sagte Rudolf Steiner am 12.6.1924 in Breslau: «Was will denn diese Jugendbewegung letzten Endes? Ja, sie will diesen wolkenartigen Menschen, der da hervortritt nach der Geschlechtsreife, der im Menschen lebt, diesen Menschen möchte sie erfassen! Die Jugend möchte so erzogen werden, dass sie diesen Menschen erfasst. Aber wer ist dieser Mensch? Was stellt er eigentlich vor? Was tritt gewissermaßen aus diesem menschlichen Leib hervor, den man gesehen hat in seiner Physiognomie, in seinen Gesten sich heranbilden, bei dem man auch fühlen kann, wie im zweiten Lebensalter vom Zahnwechsel bis zur Geschlechtsreife sich das ausgestaltet, was vorirdisches Dasein hatte? Was kommt jetzt als etwas ganz Fremdes zum Vorschein, was schießt da aus dem Menschen heraus, wenn er jetzt nach der Geschlechtsreife seiner Freiheit sich bewusst wird, hingeht zu anderen Menschen, Zusammenschlüsse sucht aus einem inneren Impuls heraus, der den ihm unerklärlichen, den anderen unerklärlichen Zug, diesen ganz bestimmten Zug im Inneren des Menschen begründet hat? Was ist dieser Mensch, dieser zweite Mensch, der da erscheint? Er ist derjenige, der im vorigen Erdenleben gelebt hat und der schattenhaft sich jetzt in das gegenwärtige Erdenleben hineinstellt. Die Menschheit wird nach und nach Karma berücksichtigen lernen in dem, was in eigentümlicher Weise hereinschießt in das menschliche Leben um die Zeit der Geschlechtsreife herum. In dem Augenblicke des Lebens, wo der Mensch fähig wird, ein Menschenwesen seinesgleichen hervorzubringen, da tritt in ihm auch dasjenige an Impulsen auf, was er in früheren Erdenleben dargestellt hat.» (239, 211f.) Zwei Monate vor den Breslauer Ausführungen hatte Rudolf Steiner auch in einem Berner Vortrag mit Nachdruck betont, dass mit der Geschlechtsreife «das eigentliche Schicksal des Menschen» beginne, und darauf hingewiesen, dass der Jugendliche die veränderte Qualität der ihn betreffenden und von ihm mitgestalteten Lebensereignisse auch in dieser Weise erlebe: «Vorher steht der Mensch mehr im allgemeinen drinnen, er empfindet das Erdenleben mehr als einen guten Bekannten. Jetzt aber, wenn der Mensch geschlechtsreif geworden ist, treten die einzelnen Ereignisse so an ihn heran, dass er sie schicksalsgemäß empfindet. Indem der Mensch schicksalsgemäß das Leben auffasst, wird es für ihn erst das richtige individuelle Leben.» (309, 67; zur beginnenden Auswirkung des «alten» Schicksals auf der Ebene des Ätherleibes im zweiten Lebensjahrsiebt vgl. auch Rudolf Steiners Vortrag vom 13.11.1916 [GA 172].)

23 Diesen Vorgang des – der Erdenreife vorausgehenden bzw. in sie hineinkulminierenden – «Einzugs» des Astralleibes in den physisch-ätherischen Organismus schilderte Rudolf Steiner am 18.8.1924 in Torquay mit den Worten: «Der [Astralleib] kommt zur vollen Tätigkeit eigentlich erst mit der Geschlechtsreife. Da wirkt er erst ganz im menschlichen Organismus drinnen. [...] Während zwischen der Geburt und dem Zahnwechsel der ätherische Leib gewissermaßen aus dem physischen herausgezogen wird, selbständig wird, zieht man zwischen dem 7. und 14. Jahre den astralischen Leib nun nach und nach an; und wenn er ganz angezogen ist, wenn der astralische Leib nicht mehr bloß lose verbunden ist, sondern den physischen und Ätherleib ganz innig durchdringt, dann ist der Mensch auf dem Lebenspunkt der Geschlechtsreife angelangt. – Beim Knaben sieht man an der Verwandlung der Stimme, dass der astralische Leib nun ganz im Kehlkopf drinnen ist; bei der Frau an der Ausbildung anderer Organe, Brustorgane und so weiter, dass der astralische Leib nun ganz eingezogen ist. Der astralische Leib zieht langsam in den menschlichen Leib hinein von allen Seiten. – Die Linien

und die Richtungen, die er verfolgt, das sind die Nerven. Den Nervensträngen nach, von außen nach innen, zieht der Astralleib ein. Er fängt da an, von der Umgebung, von der Haut aus allmählich und dann sich innerlich zusammenzuziehen, den ganzen Körper auszufüllen. Vorher ist er eine lose Wolke, in der das Kind lebt. Dann zieht er sich zusammen, ergreift innig all die Organe, verbindet sich, wenn wir grob sprechen, chemisch mit dem Organismus, mit dem physischen und ätherischen Gewebe.» (311, 99) Darauf, dass die progrediente Ergreifung der physisch-ätherischen Lebensfunktion durch den Astralleib sich dabei *unmittelbar* über die Atmungsorganisation vollzieht, wies Steiner wiederholt und in verschiedenen Aspekten hin (vgl. Peter Selg: *Vom Logos menschlicher Physis,* S. 622f.). Die Beziehung zwischen den astralisch bestimmten Atmungs- und Nervenprozessen etabliert sich im Verlauf des zweiten Lebensjahrsiebtes («Dieses ganze Atmen, wie es längs der Nervenstränge geht, wird erst im Laufe der Zeit, in der das Kind gerade schulpflichtig ist, zwischen dem Zahnwechsel und der Geschlechtsreife ganz eingeschaltet von Seiten des astralischen Leibes in den physischen Leib.» 311, 100f.) und kulminiert in der Geschlechtsreife, von der Rudolf Steiner am 7.8.1921 in Dornach sagte, dass sie mit astralischen Kräften geradezu «eingeatmet» werde: «Wir atmen eigentlich dasjenige ein, was uns geschlechtsreif macht, was uns aber auch im weitesten Sinne die Möglichkeit gibt, mit der Welt in ein Verhältnis des liebenden Umfangens zu treten. Das atmen wir eigentlich ein. In jedem Naturprozess liegt eben ein Geistiges und ein Geistig-Seelisches. Dieses Geistig-Seelische dringt in uns ein durch den Atmungsprozess. Es kann erst herein, wenn die Kräfte seelisch geworden sind, die vorher im Organismus gewirkt haben und die mit dem Zahnwechsel aufhören, im Organismus zu wirken. Da strömt dann dasjenige in den Menschen herein, was aus dem Atmungsprozess kommen will.» (206, 100)

24 In diesem Sinne betonte Steiner auch in seinem ersten Dornacher Ärztekurs, dass im Jugendalter «der Astralleib selber sich in das richtige Verhältnis zum physischen Leib und Ätherleib zu versetzen» habe (312, 140). Auch in einem Vortrag vor Theologen hieß es eineinhalb Jahre später in Dornach über das

sich ausbalancierende Wesensgliedergefüge in der Reifezeit: «Der zweite Evolutionsvorgang [nach dem Geburtsvorgang], der in unserem Leben eintritt, ist derjenige, welcher in aller Stärke sich dann zeigt, wenn der Mensch geschlechtsreif wird, wenn sein physischer Leib und sein Ätherleib zu einer gewissen Entwickelung gekommen sind und der Astralleib beginnt, mit seiner Entwickelung ganz besonders einzusetzen, wenn also das, was in jedem Schlafzustand sich trennt, in einen neuen Zusammenhang kommt. Der Schlafzustand verläuft ja so, dass der physische Leib und der Ätherleib im Bette liegenbleiben, und dass der astralische Leib und das Ich herausgehen. Das menschliche Leben besteht daher in einem innigen Zusammenhang zwischen dem physischen und dem Ätherleib, aber in einem loseren Zusammenhang zunächst zwischen diesen beiden mit dem astralischen Leib und dem Ich. Im Wachzustand durchdringen sich diese vier [Glieder], im Schlafzustand aber sind astralischer Leib und Ich aus dem physischen und Ätherleib heraußen, da ist also der Zusammenhang ein loserer. Aber dieser Zusammenhang kommt zu einer gewissen Modifikation, er kommt eigentlich erst zur Reife [im 14., 15., 16. Lebensjahre], es kommt erst [dann] zur richtigen Wechselwirkung mit demjenigen, was wir im Schlafe getrennt haben vom Physisch-Leiblichen, das während des Schlafens im Bette liegen bleibt. Der richtige Zusammenklang tritt eben erst ein im 14., 15., 16. Lebensjahre. Der Mensch wird da von einer inneren Stärke erfasst, wodurch er sein Physisch-Leibliches durchdringt mit seinem Geistig-Seelischen, das heißt mit seinem Astralischen und mit seinem Ichwesen. Das drückt sich äußerlich aus in dem Geschlechtsreifwerden, was nur die alleräußerste Offenbarung ist einer völligen Verwandlung des ganzen Menschen. Dasjenige also, was da als ein Evolutionsvorgang einsetzt, kann man bezeichnen als Reife.» (343, 258) Wie Rudolf Steiner insbesondere in seinem Vortrag vom 6.2.1910 in pathophysiologischer Hinsicht ausführte, bilden innere Entwicklungsdefizite und Schwierigkeiten im Zusammenwirken des Astral- und Ätherleibes die eigentliche Grundlage von seelischen Krisen und psychiatrischen Entwicklungen in der Adoleszenz (und damit in dem Zeitalter, in dem auch die schizophren-psychotischen

Erkrankungen ihren ersten Manifestationsgipfel erreichen).
Dort hieß es u. a.: «Im siebzehnten, achtzehnten Jahre – Krisen-
jahre – zeigt sich [dann], dass die Hüllen nicht richtig ausgebildet sind: der Astralleib nicht mit den Trieben und Begierden;
der Ätherleib nicht mit entsprechenden Geschicklichkeiten,
Gewohnheiten. Dann stimmen die äußere und die innere Entwickelung nicht zusammen. In leichteren Fällen geschieht es
dann, dass die Menschen ihr inneres Gleichgewicht verlieren;
aber es kann auch eine gänzliche Zerrüttung des Seelenlebens
eintreten.» (118, 190)

25 Wie Rudolf Steiner bereits im Juni 1906 hervorhob, setzt auch
die partielle Lösung der astralischen Organisation von den leibbildenden und -gestaltenden Vorgängen beim Mädchen früher
als beim Jungen ein («Erst vom vierzehnten bis zum einund-
zwanzigsten Jahr wird der Astralleib frei. Mit der Geschlechtsreife fängt er an, sich herauszuentwickeln, bei den Mädchen
etwas früher als bei den Knaben.» 94, 132).

26 Zur generellen Problematik einer tendenziell überstarken Ab-
sorption der Ich-Kräfte durch die übrige menschliche Organisation in der Pubertät und Adoleszenz («Wir müssen durch die
Erziehung zu vermeiden suchen alles dasjenige, was das Ich zu
stark aufsaugen lässt von der Organisation, zu stark abhängig
werden lässt.»; 302a, 56) vgl. u. a. Rudolf Steiners zentrale Vor-
tragsdarstellungen vom 22.9.1920 (GA 302a), aber auch bereits
die frühen Ausführungen vom 12.1.1911 (GA 60).

27 Über die Notwendigkeit einer nachträglichen begrifflichen
Durchdringung zuvor (im 2. Jahrsiebt) bildlich aufgenommener
und verinnerlichter Lerninhalte schrieb Rudolf Steiner: «Bis
zur Geschlechtsreife soll sich der junge Mensch durch das Gedächtnis die Schätze aneignen, über welche die Menschheit gedacht hat, nachher ist die Zeit, mit Begriffen zu durchdringen,
was er vorher gut dem Gedächtnis eingeprägt hat. Der Mensch
soll sich also nicht etwa bloß merken, was er begriffen hat, sondern er soll begreifen die Dinge, die er weiß, das heißt wovon er
gedächtnismäßig so Besitz genommen hat, wie das Kind von
der Sprache.» (34, 336)

28 «Man kann einem Menschen nichts Schlimmeres zufügen, als
wenn man zu früh sein eigenes Urteil wachruft. Erst dann kann

man urteilen, wenn man in sich erst Stoff zum Urteilen, zum Vergleichen aufgespeichert hat. Bildet man sich vorher selbständige Urteile, so muss diesen die Grundlage fehlen. Alle Einseitigkeit im Leben, alle öden ‹Glaubensbekenntnisse›, die sich auf ein paar Wissensbrocken gründen, und von diesen aus richten möchten über oft durch lange Zeiträume bewährte Vorstellungserlebnisse der Menschheit, rühren von Fehlern der Erziehung in dieser Richtung her.» (34, 342)

29 Am 19.11.1922 wies Steiner in London darauf hin, dass der jugendliche Mensch erst nach der Geschlechtsreife physiologisch dazu in der Lage sei, an den peripheren Prozessen der Sinnesorganisation von innen heraus mit eigenen Willenskräften zu partizipieren (vgl. auch Anm. 9) – und sagte dann in gesamtanthropologischer Wendung: «Das Teilnehmen von innen an der Sinnesorganisation macht intellektuelle Menschen. Solche intellektuellen Menschen werden wir erst nach der Geschlechtsreife. Eigentlich sind wir erst dann in der richtigen Weise dazu veranlagt, die Welt nach dem Intellekt zu beurteilen. *Denn intellektuell beurteilen heißt, persönlich, aus der inneren Freiheit heraus urteilen. Das eignen wir uns erst an, wenn wir die Epoche der Geschlechtsreife angetreten haben.*» (218, 233; Hervorhebung v. V.)

30 Über die Differenz zwischen dem – von ihm so bezeichneten – «moralisch-*fühlenden* Urteil» zum «moralisch-*intellektuellen* Urteil» sprach Rudolf Steiner beispielsweise am 19.11.1922 (GA 218); dass das «moralisch-fühlende Urteil» des Kindes im zweiten Lebensjahrsiebt die Unbewusstheit oder Halbbewusstheit einer «instinkten» Neigung (Zuneigung bzw. Abneigung), ja eines – pädagogisch geführten bzw. geförderten – «Instinktes» vorweist und in der Pubertäts- und Adoleszenzzeit nachträglich begrifflich durchdrungen bzw. «rationalisiert» werden muss, betonte Steiner u. a. am 3.7.1917 (GA 176).

31 «Hat man das Kind in selbstverständlicher Autorität an das Moralische herangeführt, so dass das Moralische für es in der Gefühlswelt lebt, dann arbeitet sich die Pflicht nach der Geschlechtsreife aus dem eigenen Inneren des Menschen heraus. Das ist das Gesunde.» (310, 118)

32 «Die menschliche Freiheit bedingt, dass der Mensch die Im-

pulse, die ihn leiten und treiben im Leben, in sich selber findet.» (83, 18)

33 In allgemein-pädagogischer Wendung sagte Rudolf Steiner hierzu am 10.4.1924 in Stuttgart: «[...] Wahrhaft erziehen werde ich ihn [den Menschen] nur, wenn ich nicht eingreife in sein Selbst, sondern abwarte, bis dieses Selbst selbst eingreifen kann in das, was ich in der Erziehung veranlagt habe. Und so lebe ich mit dem Kinde demjenigen Zeitpunkte entgegen, wo ich sagen kann: Da wird das Selbst in seiner Freiheit geboren, ich habe ihm nur den Boden bereitet, dass es sich selber gewahr werden kann.» (308, 74) Weiter verdeutlichend und radikalisierend hatte es am 22. Juni 1922 vor den Lehrern der Stuttgarter Waldorfschule geheißen: «Wir können uns da außerordentlich zu Hilfe kommen, wenn wir, ich möchte sagen, [...] meditierend uns recht tief zum Bewusstsein bringen, dass alle Erziehung mit der wirklichen Individualität des Menschen im Grunde genommen gar nichts zu tun hat, dass wir eigentlich als Erzieher und Unterrichter im wesentlichen die Aufgabe haben, mit Ehrfurcht vor der Individualität zu stehen, ihr die Möglichkeiten zu bieten, dass sie ihren eigenen Entwicklungsgesetzen folge und wir nur die im Physisch-Leiblichen und im Leiblich-Seelischen, also im physischen Leib und im Ätherleibe liegenden Entwickelungshemmungen wegräumen. Wir sind nur dazu berufen, diese im Physisch-Leiblichen und im Leiblich-Seelischen liegenden Hemmungen wegzuräumen und die Individualität frei sich entwickeln zu lassen; so dass wir dasjenige, was wir dem Kinde an Erkenntnissen beibringen, im Grunde nur dazu benützen sollten, um das Leibliche, sowohl das Physisch-Leibliche wie auch das Ätherisch-Leibliche, so weit vorwärts zu bringen, dass der Mensch sich eben frei entwickeln kann.» (302a, 8) Bezüglich der zuvor thematisierten Förderung der individuellen moralischen Intuitionsfähigkeit hieß es schließlich am 26.3. 1923 in Stuttgart: «[...] Hat man [...] die richtigen moralischen Sympathien und Antipathien ausgebildet in der Zeit, wo das Wichtigste für den Willen unterirdisch verlaufen ist, dann darf der Wille, der eigene, auf die Freiheit gebaute Wille, der in die volle Verantwortlichkeit im Menschen eintritt, der darf so erscheinen, dass man den Menschen – nachdem man ihm

nicht Gebote gegeben hat, sondern in sein Gemüt hinein moralische Sympathien und Antipathien gepflanzt hat, dass man, ich möchte sagen, seinem moralischen Willen, der jetzt erscheint, nicht zu nahe tritt –, dass man empfängt den Menschen, nachdem er geschlechtsreif geworden ist, als einen freien Genossen neben sich. Dann ist der Mensch imstande, umzuwandeln, zu metamorphosieren dasjenige, was man ihm als die Gabe moralischer Sympathien und Antipathien gegeben hat, für die er hinorganisiert war; was man ihm da gegeben hat, ist er imstande umzuorientieren in seine moralischen Impulse, die nun aus seinem eigenen Wesen kommen.» (304a, 49f.)

34 «Diese freie Hingabe der einen Seele an die andere muss sich aus etwas entwickeln; die muss sich zuerst aus der Hingabe durch das Autoritätsgefühl hindurchwinden. Das ist der Puppenzustand für alle soziale Liebe im Leben, dass wir erst durch das Autoritätsgefühl hindurchgehen. Liebeleere Menschen, antisoziale Menschen entstehen, wenn das Autoritätsgefühl zwischen dem siebten und vierzehnten, fünfzehnten Jahre nicht im Unterrichten und Erziehen lebt.» (192, 193f.)

35 Wie Rudolf Steiner in einem anderen pädagogischen Vortragskontext ausführte, ermöglicht die zuvor skizzierte Schönheitserfahrung und ihre künstlerische Förderung im zweiten Lebensjahrsiebt auch ein freieres Verhältnis gegenüber den leiblichen, mit der Geschlechtsreife in Zusammenhang stehenden Umbrüchen: «Der Mensch kommt immer wieder dadurch, dass er die Welt als schön empfindet, eben gerade dahin, auch seinem eigenen Leib gegenüber in einer freien Weise dazustehen, nicht von ihm drangsaliert zu werden, worin eigentlich die Erotik besteht.» (302, 78)

36 Vgl. Anm. 22.

37 Am 28.2.1911 sagte Rudolf Steiner in Berlin über die Wesensnatur des Idealisten: «Das kennzeichnet den Idealisten im geisteswissenschaftlichen Sinne, dass seine Gedanken größer, umfassender sind als seine Handlungen. Fassen Sie das genau ins Auge: ein Idealist ist also der, bei dem die Absichten, die Gedanken größer sind als die möglichen Werke auf dem physischen Plan.» (124, 131f.) Ein Jahr später hieß es dann am selben Ort erneut und verdeutlichend: «Das ist gerade das Wesen des

Ideales, dass wir ihm nachstreben und jederzeit das Gefühl haben, insbesondere in der Jugend haben können, dass wir mit unserem ganzen Verhalten und unserem ganzen Wesen dem Ideal wenig angemessen sind, dass das Ideal wie ein Himmelsbild über uns schwebt und wir ihm nachstreben mit dem Bewusstsein, dass wir es nie eigentlich erreichen können.» (61, 418) Wie Steiner in einem früheren Vortrag in Bezug auf das Jugendalter ausgeführt hatte, ist in entwicklungspsychologischer wie entwicklungsphysiologischer Hinsicht nicht die konkrete Realisierung der Jugendideale, sondern vielmehr die Aktualisierung der in ihnen liegenden *Kräfte* von vorrangiger Bedeutung: «Das sind günstige, weckende Lebenskräfte, die, falls sie gut gepflegt werden, unseren Astralleib für das bevorstehende Leben sicher und fest machen.» (10.3.1908; zit. n. Elisabeth Huber-Reebstein/Hellmut Huber: *Ausführungen Rudolf Steiners zum Verständnis des 3. Jahrsiebtes in seinem allgemeinen Vortragswerk.* Band 2. Stuttgart 1982, S. 343.) Vgl. auch Anm. 20.

38 Unter Verwendung dieses Begriffes sagte Steiner am 5.1.1922 vor Lehrern aus zahlreichen europäischen Ländern in Dornach: «Bedenken Sie nur, wie viel unserer ganzen Zivilisation nach dieser Richtung hin eigentlich fehlt. Fragen Sie sich einmal, ob es nicht zahlreiche Menschen gibt, die sich heute des Telephons, des Tramway bedienen, ja man kann sogar sagen, des Dampfschiffes bedienen, ohne eine Vorstellung davon zu haben, was da eigentlich geschieht im Dampfschiff, im Telephon und in der Fortbewegung des Tramwaywagens. Der Mensch ist ja innerhalb unserer Zivilisation ganz umgeben von Dingen, deren Sinn ihm fremd bleibt. Das mag denjenigen als unbedeutend erscheinen, die da glauben, für das Menschenleben habe nur das eine Bedeutung, was sich im bewussten Leben abspielt. Gewiss, im Bewusstsein lässt es sich ganz gut leben, wenn man bloß ein Tramwaybillet kauft und bis zu der Station fährt, zu der man fahren will, oder wenn man ein Telegramm empfängt, ohne eine Ahnung zu haben, auf welche Weise es zustande gekommen ist, ohne jemals etwas gesehen zu haben von einem Morseapparat. Für das gewöhnliche Bewusstsein, kann man ja sagen, ist das gleichgültig; aber für dasjenige, was sich in den Tiefen der menschlichen Seele abspielt, ist es eben nicht gleichgültig; *der*

Mensch in einer Welt, deren er sich bedient und deren Sinn er nicht versteht, ist wie ein Mensch in einem Gefängnis ohne Fenster, durch das er in die freie Natur hinausschauen könnte.» (303, 254f.; Hervorhebung v. V.) Bereits in einem der ersten Vorträge, die von Rudolf Steiner für das Lehrerkollegium zur Eröffnung der Stuttgarter Schule gehalten worden waren, hatte es in eben diesem Sinne geheißen: «Das Schlimmste ist das Miterleben der von Menschen gemachten Welt, ohne dass man sich um diese Welt kümmert.» (294, 162; s. auch den weiteren Text und Anm. 40.)

39 Notizblatt Rudolf Steiners, zit. n. Karl-Martin Dietz: *Erziehung in Freiheit*, S. 72.

40 Diesen sozialen Aspekt der zuvor skizzierten Initiation in die handelnde Lebensumwelt des Jugendlichen betonte Rudolf Steiner insbesondere in seinem Ilkleyer Vortrag vom 15. August 1923 – und sagte dort: «Denken Sie doch, wie viele Leute heute einen Straßenbahnwagen besteigen, ohne zu wissen, wie so etwas in Bewegung gesetzt wird, wie der Mechanismus ist. Ja, es gibt Menschen, die sehen jeden Tag die Eisenbahn an sich vorbeifahren und haben keine Ahnung davon, wie der Mechanismus einer Lokomotive ist. Das heißt aber, der Mensch steht da in der Welt und ist umgeben von lauter Dingen, die aus menschlichem Geiste kommen, die menschlicher Geist geschaffen hat, aber er nimmt nicht teil an diesem menschlichen Geist. Damit ist überhaupt der Anfang gemacht mit dem unsozialen Leben, wenn wir dasjenige, was menschlicher Geist geschaffen hat, in unserer Umgebung sein lassen, ohne ein entsprechendes, wenigstens allgemeines Verständnis davon zu haben. […] Nun beginnen wir aber [in der Waldorfschule] ganz energisch im vierzehnten, fünfzehnten Jahre den Schüler und die Schülerin zu verbinden mit dem, was menschlicher Geist im weitesten Umfange geschaffen hat. Dadurch stellen wir den Menschen verständnisvoll in das soziale Leben hinein. » (307, 196f.) Darüber hinaus ist nach Rudolf Steiner zu berücksichtigen, dass die partizipierende Willensschulung zur «Arbeits-» und «Werkliebe» (bzw. «die Liebe zu dem, was man auch selber tut»), die sich in den lebensbezogenen Schul- und Projektveranstaltungen entfalten soll, auch insofern von sozial vordringlicher Bedeutung

ist, als die «liebevolle Hingabe an die eigenen Handlungen» dort in eben dem Maße wie ein «verständnisvolles Eingehen auf die Handlungen des andern» erfahren und praktiziert werden kann. (306, 130/132).

41 Vgl. Anm. 22.

42 Bereits 1898 schrieb Rudolf Steiner: «Nicht an unsere ‹Wahrheiten› soll die Jugend glauben, sondern an unsere Persönlichkeit.» (31, 233f.)

43 Es sollte in diesem Zusammenhang beachtet werden, dass die eigentliche Individualität des Kindes – im Sinne seines individuellen Seelenwesens – selbstverständlich bereits in den ersten beiden Lebensjahrsiebten bis in die Physiologie hinein wirksam und wahrnehmbar ist (über die schrittweise «Verankerung» des Ichs im physischen, ätherischen und astralischen Leib im Vollzug der ersten drei Lebensjahrsiebte vgl. Rudolf Steiners Vortrag vom 22.9.1920 [GA 302a]); dennoch ist nicht zu übersehen, dass mit dem Eintritt in das Jugendalter ein noch weitergehendes Individualitäts- und Schicksalsprinzip (vgl. Anm. 22) in die konkrete irdische Erscheinung tritt, d.h. sich auch zunehmend in weltorientierten Handlungen und mitgestalteten menschlichen Bezügen verwirklicht. Über das Wirken der Individualitätskräfte in den leibbildenden und -verändernden Tätigkeiten des zweiten Lebensjahrsiebts und den Übergang zum Jugendalter sagte Rudolf Steiner am 25.6.1924 in Dornach: «Wir müssen […] unterscheiden gerade beim Kinde zwischen dem Erbkörper und dem, was als Folge des Erbkörpers auftritt in dem individuellen Körper. Der bildet sich nach und nach, der individuelle Körper, den man erst den wahren Menschenpersönlichkeitskörper nennen kann. Und sehen Sie, jetzt kriegt man sozusagen im Alter zwischen dem siebten und vierzehnten Lebensjahre das stärkste Arbeiten, dessen die Individualität fähig ist; entweder obsiegt sie den Erbkräften, dann wird der Mensch, indem er durch den Zahnwechsel hindurchgeht und dadurch bemerken lässt, dass er sich herausarbeitet aus den Vererbungskräften, oder aber […] es unterliegt die Individualität vollständig den Erbkräften, dem, was im Modell enthalten ist. Dann setzt sich einfach diese Vererbungsähnlichkeit mit den Eltern über das siebente Jahr fort. Das hängt von der Indivi-

dualität ab und nicht von den Vererbungskräften. [...] Nun geht der Mensch zwischen dem siebenten und vierzehnten Lebensjahre durch ein Wachstum und Werden hindurch, das möglichst stark seine Individualität, die der Mensch heruntergebracht hat, zum Ausdruck bringt. Dadurch ist der Mensch in dieser Zeit gegenüber der Außenwelt relativ abgeschlossen. Man hat gerade in dieser Zeit Gelegenheit, die wunderbare Entfaltung der Individualkräfte ins Auge zu fassen. Und der Mensch würde später, wenn er diese Entwickelung fortsetzen würde, und wenn er nur mit dieser Entfaltung ins spätere Leben hineintreten würde, ein furchtbar abweisendes Wesen sein, er würde stumpf sein gegenüber der Außenwelt. Aber in dieser Zeit baut er sich schon seinen dritten Körper auf, der mit der Geschlechtsreife zum Vorschein kommt. Der wird wiederum unter Berücksichtigung der Kräfte in der irdischen Umgebung gebaut. [...] Da wird der Mensch erdenreif, da nimmt der Mensch das Fremde wieder in sich hinein, da erlangt er die Fähigkeit, nicht stumpf zu sein gegen die Umgebung. Vorher ist er nicht eindrucksfähig für das andere Geschlecht, aber auch nicht für die übrige Umgebung.» (317, 17f.) Ab dem Jugendalter exponiert sich der Mensch mit seinem Innenwesen der Welt und schafft in seinen leibverändernden Prozessen die Voraussetzungen dafür, dass sein eigentliches Ich zunehmend zur Wirksamkeit kommen kann, schließlich mit dem 21. Lebensjahr «zur vollständigen inneren Intensität» (107, 296) erwachsen ist. Dann erst, so Rudolf Steiner, steht das Individuum der Welt «wie eine selbständige, freie Wesenheit» gegenüber (58, 163).

44 In einer unscheinbaren Nebenbemerkung sagte Rudolf Steiner in einem jugendpädagogischen Vortrag einmal: «Macht man mit solchen Kindern einen Schulausflug, so redet man mit den einzelnen wiederum nach ihrem individuellen Gestaltetsein. Man redet mit ihnen: Wie stellst du dir vor, dass du das machen wirst, dass du jenes machen wirst? – Man weist auf die Zukunft hin, nimmt die Zweckidee, die Zielidee in das Leben auf.» (302, 83) Von einer notwendigen «Erziehung» bzw. einer pädagogisch geförderten oder ermutigten «Selbsterziehung zum Idealismus» sprach Rudolf Steiner am 11.2.1919 in Zürich (193, 62).

45 Ganz generell betrachtete es Steiner als die eigentliche Auf-

gabe der Lehrerkonferenzen (als der «Seele» des ganzen Unterrichts), die Individualitäten einzelner Schüler gemeinsam und «sorgfältig» zu besprechen – «so dass das Hinschauen auf die Kinderindividualitäten das Wesentliche desjenigen bildet, was im Laufe der Lehrerkonferenzen die Lehrer selber lernen» (311, 68). Es ist noch heute unbedingt förderlich und weiterführend, die in den GA-Bänden 300a bis 300c herausgegebenen Konferenzen der Stuttgarter Waldorfschule mit Rudolf Steiner im Hinblick auf die in ihnen enthaltenen Kinderbeschreibungen im Einzelnen zu studieren, auch wenn die stenographischen Mitschriften keineswegs vollständig sind und zusätzliche Hinweise zu den besprochenen Kindern und Jugendlichen von essentieller Bedeutung wären. Aber auch angesichts des nur begrenzt zugänglichen dokumentarischen Materials können an ihnen wichtige Einsichten in Rudolf Steiners prinzipielle Zugangsweisen zum Verständnis einzelner Schüler gewonnen werden; zudem wird in genereller Hinsicht deutlich, wie sehr Steiner das vertiefende menschenkundliche Studium im Hinblick auf die Erkenntnis und Förderung der einzelnen Schülerindividualität an zentraler Stelle der Schule positionierte («Und dazu sind gerade die Lehrerkonferenzen da. Die sind dazu da, wirklich den Menschen zu studieren und dadurch in der Menschenkunde, ich möchte sagen, einen fortlaufenden Strom durch die Schule fließen zu lassen. Man studiert die Schule in den Lehrerkonferenzen. Das Wesentliche ist, dass die Lehrerkonferenzen ein fortlaufendes, ein fortdauerndes Studium sind.» 311, 128).

46 Vgl. zu den Viten und Charakteristiken der einzelnen Lehrer die Zusammenstellung von Johannes Tautz und Gisbert Husemann: *Der Lehrerkreis um Rudolf Steiner in der ersten Waldorfschule 1919–1925*. Stuttgart 1977.

47 In einer öffentlichen pädagogischen Tagung in Oxford schilderte Rudolf Steiner am 25. August 1922 die Situation, aus der heraus die gesamte 10. Klasse der Stuttgarter Waldorfschule im Frühjahr 1922 auf ihn zugekommen war (s. oben), und sagte dort: «Eines Tages, als ich wiederum einmal in der Waldorfschule war, um, wie ich ja immer nur kann, sporadisch die Leitung des Unterrichts und der Erziehung zu besorgen, da kam

zwischen den Stunden an mich heran in einem, ich möchte sagen, gedämpft-aggressiven Zustande ein Mädchen der letzten Schulklasse, das sehr aufgeregt war, und das aber aus einer ungeheuer starken inneren Überzeugungskraft heraus sagte: Dürfen wir noch heute – es ist sehr wichtig –, dürfen wir noch heute, die ganze Klasse (es war also die höchste Klasse) mit Ihnen sprechen? Also wir wollen es nur, wenn Sie selbst es wollen. – Also solch eine Führerin hatte sich an die Spitze der Klasse gestellt und wollte mit mir im Beisein der ganzen Klasse sprechen. Was war der Grund? Der Grund war eben der, dass die Knaben und Mädchen dazu gekommen waren, ihrerseits nun zu empfinden: sie werden mit der Lehrerschaft nicht mehr ganz fertig; es wird ihnen schwer, mit der Lehrerschaft fertig zu werden, die richtige Stellung zu gewinnen. – Das ging nicht hervor aus irgendeiner Ranküne gegen die Lehrerschaft, denn so ist es schon in der Waldorfschule, dass eine Ranküne nicht da ist, sondern dass die Kinder tatsächlich auch schon in der kurzen Zeit, seit die Waldorfschule besteht, eine innige Liebe zu den Lehrern gefasst haben. Aber diese Schüler der höchsten Klasse, diese fünfzehn-, sechzehnjährigen Knaben und Mädchen, die standen vor einer Höllenangst, sie könnten durch irgend etwas in dem ganz neuen Verhältnis, das da eingetreten ist zwischen Schülern und Lehrern, sie könnten diese Liebe verlieren, sie könnte schwächer werden. Sie hatten eine ganz außerordentliche Angst.» (305, 164f.)

48 «Nicht wahr, durch unsere Waldorfschul-Methode bringen wir die Kinder auf der einen Seite, nach der intellektuell-geistigen Weise, wir bringen sie sehr weit. Und unsere Schüler sind ja tatsächlich weiter als andere Schüler in diesem Alter sind. Das ist nun eben nicht zu leugnen. Die ganze Schülerschaft ist von der 8. und 9. Klasse ab eben eine andere junge Menschheit, als es in den sonstigen Schulen der Fall ist. Nun ist aber der Mensch, nicht wahr, ein Ganzes, und erforderlich ist schon, dass, wenn man den Menschen vorwärtsbringt in intellektuell-geistiger Weise, man ihn ebenso entsprechend vorwärts bringen muss in moralisch-seelischer Weise.» (300c, 182f.)

49 Wiederholt hob Steiner in seinen pädagogischen Vorträgen hervor, dass die Jugendlichen ab der Pubertät aus der vorher-

gehenden «schulmäßigen Behandlung» im Unterricht entlassen (303, 220) und in seelisch-geistiger Hinsicht «freigesetzt» (307, 232), d. h. nicht länger belehrt, sondern konsequent zur eigenen Urteilstätigkeit angeregt werden müssten.

50 Vgl. Peter Selg: «Rudolf Steiner und Eugen Kolisko – Die Gründung der Waldorfschule und der erste Schularzt.» In: Peter Selg (Hg.): *Eugen Kolisko – vom therapeutischen Charakter der Waldorfschule.* Dornach 2002, S. 17ff.

51 Vgl. Hans-Jürgen Hanke: *Karl Schubert. Lebensbilder und Aufzeichnungen.* Dornach 2004.

52 Vgl. Anm. 45.

53 Rudolf Grosse (1905–1994) war 1922 von Zürich in die 10. Klasse der Waldorfschule eingetreten, arbeitete später selbst heilpädagogisch und als Waldorflehrer, leitete zeitweise das Lehrerseminar am Goetheanum, die Sektion für das Geistesstreben der Jugend und die Pädagogische Sektion; 1966 übernahm er den Vorsitz der Allgemeinen Anthroposophischen Gesellschaft. In seinen herausragenden Lebenserinnerungen *Erlebte Pädagogik. Schicksal und Geistesweg* (Dornach ⁴1998) beschrieb Rudolf Grosse unter anderem die im Text wiedergegebenen Begegnungen Rudolf Steiners mit der 12. Klasse zum Zeitpunkt ihres Schulabschlusses. Neben Rudolf Grosse fixierte auch seine ehemalige Mitschülerin Karin Ruths-Hoffman (1904–1986), die nach Schuljahren in Schoppinitze und einem abgebrochenen Studium am Lehrerinnen-Seminar Breslau die 12. Klasse der Stuttgarter Waldorfschule von Ostern 1923 bis 1924 besucht hatte und später ebenfalls als Waldorflehrerin (sowie bei Hilfsorganisationen, in Gefängnissen und im Rudolf Steiner-Seminar Järna) tätig wurde, die beiden Zusammenkünfte vom 10. April und 3. September 1924. Die entsprechende – und im Vergleich zu Grosses Darstellung weniger detaillierte und partiell ungenauere – Passage ihres für den von Dora Krück von Poturzyn herausgegebenen Sammelband *Wir erlebten Rudolf Steiner. Erinnerungen seiner Schüler* (Stuttgart ¹1956) verfassten Aufsatzes «Aus der Waldorfschülerschaft» lautete: «Die Zeit des Schulabschlusses nahte. Die Waldorfschule war noch keine fünf Jahre alt, also hatte niemand aus unserer Klasse sie ganz durchmachen können, und wir alle hätten

lieber erst angefangen anstatt schon aufzuhören. Da, eines Tages, in der späten Nachmittagsdämmerung, als wir uns, ungern wie immer, von unserm Klassenzimmer trennen sollten, kam einer von uns auf einen Gedanken. Ich glaube, es war Bossi, der Italiener. ‹Ob wir nicht alle zusammen um ein Gespräch mit Herrn Dr. Steiner bitten könnten, ehe wir von hier fort müssen?› – Es wurde uns zugesagt. – Die Sonne schien ins Lehrerzimmer, alle unsere Lehrer saßen an den Wänden entlang, um uns herum, während wir aufgefordert wurden, am Konferenztisch Platz zu nehmen, an dessen Kopfende sich Rudolf Steiner, von Frau Dr. Wegman begleitet, niederließ. Ein Menschheitsführer, der umfassendste Geist unserer Zeit – nein, ganzer Epochen, – und er nahm uns, eine Handvoll schulentlassene Jugend, so ernst, dass er jeden einzeln anhörte. Aber zuerst redete er uns gemeinsam an. Er sagte, wir würden es erleben, wenn wir im Leben vor wichtigen Entscheidungen stünden, dass der Geist der Waldorfschule hinter uns stehen und uns die rechten Entschlüsse ins Ohr flüstern würde. ‹Die Gespräche mit Ihren Kameraden werden später das Wichtigste für Sie sein, greifen Sie nur immer wieder darauf zurück.› – Dann sollten wir sagen, was wir werden wollten. Er könne sich denken, dass recht viele von uns Waldorflehrer sein möchten, – natürlich nicht alle an dieser Schule, denn unsere lieben Lehrer würden doch hoffentlich nicht so bald sterben. (Er zeigte gegen die Wände, an denen entlang, wie edle Früchte an Spalieren, unsere geliebten Lehrer zu sehen waren.) – Wirklich erklärte sofort unser ‹Bester›, jedenfalls unser tüchtigster Mathematiker, seine Bereitschaft, Lehrer zu werden. Aber ihm wurde eine kaufmännische Ausbildung angeraten. ‹Gehen Sie nach England und Amerika – schauen Sie, wie es dort gehandhabt wird, – und dann kommen Sie zurück und machen es so, wie man es *hier* machen muss.› – Ein anderer wollte Architekt werden; ihm schlug Rudolf Steiner die Technik vor, er solle versuchen, das Künstlerische, das er erstrebe, gerade auch in die Technik hineinzutragen. Physik, Chemie, Philosophie zu studieren, schlug er zweien von uns vor, die unmittelbar ins Pädagogische strebten. Zu einer Klassenkameradin, die daran dachte, Kindergärtnerin zu werden, meinte er, dabei käme es einzig und allein darauf an, dass die Kinder sie

lieb hätten, – eine Kindergärtnerin könne ganz dumm sein …
Nachträglich will es mir scheinen, als habe Rudolf Steiner damals – bei liebevollstem Eingehen auf unsere jugendlichen Lebensprobleme – uns zugleich auch die Köpfe zurecht rücken wollen, damit vor allem kein geistiger Hochmut um sich greife; das Folgende mag dies noch besser erläutern. Unsere Älteste, die bereits verlobt war, hatte ursprünglich Medizin studieren wollen, doch waren wir alle so durchdrungen von dem radikal Neuen des Waldorfunterrichts, dass uns der Schritt in das überlieferte Universitätsleben wie ein Rückschritt vorkam. ‹Man kann doch nach der Waldorfschule nicht ein Medizinstudium durchmachen, da geht man ja zugrunde›, sagte unsere Freundin, mit Emphase. – ‹Ja, warum denn?› erwiderte Rudolf Steiner und, auf die Ärztin Frau Dr. Wegman, die neben ihm saß, liebenswürdig hinweisend: ‹Sie hat sich doch recht wohl konserviert …› – Er fuhr fort: ‹In Ihrer Lebenslage (er meinte als demnächst verheiratete Frau) wäre es gut, Heileurythmie zu erlernen, da das kein voller Beruf ist› (er war es damals noch nicht). Dann wandte er sich zu uns, die wir uns über unsere ‹hohen geistigen Zukunftsaufgaben› die Köpfe zerbrachen: ‹Überhaupt, meine lieben jungen Damen, es wäre ja das Furchtbarste, was der Waldorfschule passieren könnte, wenn aus ihr lauter alte Jungfern hervorgingen, – Sie werden doch hoffentlich auch heiraten wollen.› Beinahe empört rief ich aus: ‹Aber, Herr Doktor, heiraten ist doch kein Beruf!› ‹Wieso denn nicht? Sogar ein behördlich anerkannter.› ‹Aber Männer heiraten doch auch und haben einen Beruf.› ‹Nun ja, ich meinte ja auch nur in diesem ganz speziellen Falle.› – Zu einem Mädchen, das Krankenschwester werden sollte, sagte er: ‹Das ist ein opfervoller Beruf. Die Kranken in der Klinik in Arlesheim werden ja nicht auf einmal gesund, weil oben im Goetheanum ein interessanter Vortrag stattfindet, den die Schwester gern hören möchte … Eine gute Krankenschwester muss so sein, dass die Patienten gleich gesünder werden, wenn sie nur zur Tür hereinkommt.› Einer Mitschülerin, die künstlerisch arbeiten wollte, wurde vorgeschlagen, nach Dornach zu gehen. Dabei wurde auch darüber gesprochen, dass das Goetheanum noch nicht das Hochschulstudium ersetzen könne, – in dem Sinn, wie die Waldorfschule

jetzt schon die Stelle einer ‹gewöhnlichen› Schule einnahm. Mir wurde aber in diesem Gespräche deutlich, dass Dr. Steiner es als anstrebenswert ansah, eine wirkliche Hochschularbeit zu inaugurieren. Als er dann vorschlug, wir sollten im Herbst wieder nach Stuttgart kommen, um die ersten Erfahrungen auf unseren Lebenswegen auszutauschen, erschien mir unser jetziges Zusammensein wie ein Anfang und Neubeginn; ich glaubte Dr. Steiner dahin zu verstehen, dass er meinte, wir sollten alljährlich in unseren Ferien wiederkommen und mit unseren früheren Lehrern, unter ihrer Leitung, eine Art Ergänzung des Studiums erarbeiten. – Im September 1924 hatten wir die zweite und letzte Zusammenkunft mit Rudolf Steiner. Aufmerksam hörte er unseren Erzählungen zu, besonders erinnere ich mich, dass er sich zu freuen schien, als einer unserer Mitschüler von seiner Arbeit in einer Fabrik berichtete und schilderte, wie ganz andersartig der Charakter einer Abteilung sei, in der Holz verarbeitet werde, gegenüber einer anderen, in der man Eisen bearbeite. Er ging darauf ein und fing dann an, mit uns von der Dreigliederung zu sprechen. ‹Die Dreigliederungsidee ist nicht tot›, sagte er, ‹sie ist nur zunächst nicht verstanden worden. Und ich hoffe, dass gerade aus den Kreisen der Waldorfschüler Verständnis für die Dreigliederung erwachsen wird.› So ungefähr habe ich es in Erinnerung. – Als einer unserer Mitschüler davon sprach, er wolle nach Südamerika reisen, um dort auf seinem Gebiet wissenschaftliche Gesichtspunkte herauszuarbeiten, wurde ihm erwidert: was man auch studiere, Pflanzen oder Gesteine, man suche sie doch nicht in Museen oder künstlichen Anlagen zu erforschen, sondern am Standort, in der natürlichen Umgebung. – Wir wurden dann noch zu dem pädagogischen Jugendkurs eingeladen, der für November in Aussicht stand. Aber zu diesem Kursus kam es nicht mehr. Schon am 28. September hielt Rudolf Steiner seine letzte Ansprache, und bei den künftigen Herbsttreffen ehemaliger Waldorfschüler, die wir seiner Anregung verdanken, sollte er selbst nicht mehr dabei sein. – In den ersten Apriltagen des Jahres 1925 begegneten einige ehemalige Waldorfschüler einander in der Dornacher Schreinerei. Unverabredet waren wir an der Schwelle des Ateliers aufeinandergestoßen, – dort wo die Erdenhülle unseres Lehrers aufgebahrt war. Wir durften eintreten. Der Atem des Lebens im Tode wehte durch die Stille des Raumes, in dem der Größte unserer Zeit zu Füßen seines Werkes lag, – der Statue des Repräsentanten der Menschheit. – Bei der Entlassung von der Waldorfschule hatte er uns einen Geleitspruch mit ins Leben gegeben, den wir damals stehend anhörten. Später durften wir diesen Spruch schriftlich bei ihm abholen und noch bei der letzten Zusammenkunft riet er uns nachdrücklich, ihn fleißig zu meditieren, – wir würden schon sehen, was das für Folgen haben würde. Dieser Spruch bestärkte und besiegelte die Tatsache, dass unsere Jugendschulung unter der Führerschaft des Geistes stand und dass, was die Herzen aufnehmen durften, sich spiegeln sollte in den Weiten der Lebenswege und bewahrt werden in den Tiefen der Erinnerung.»

54 Die von Rudolf Grosse zitierten Worte Rudolf Steiners im Verlauf der Ansprache vom 27.3.1924 wurden offensichtlich nicht mitstenographiert bzw. waren nicht Teil der allgemeinen Monatsfeier-Ansprache (vgl. 298, 198ff.). Allerdings hatte Rudolf Steiner bereits zwei Jahre zuvor auf einer anderen Ansprache (zum Schuljahrsbeginn) formuliert: «Der Lehrer beschäftigt sich Tag und Nacht damit, herauszubekommen, wie es im Leben sein wird, wenn nach der jetzigen Zeit zehn, zwanzig Jahre vergangen sein werden. Ihr werdet Menschenliebe brauchen, um euch richtig ins Leben hereinzustellen.» (298, 149)

55 Transkription einer Vortragsmitschrift, geringfügig grammatikalisch korrigiert (Ita Wegman Archiv). Eugen Kolisko (1893–1939) war ein von Rudolf Steiner hochgeschätzter Arzt und Naturwissenschaftler, der ab dem Frühjahr 1920 in der Stuttgarter Waldorfschule unterrichtete und ab Herbst 1921 auch die schulärztliche Position einnahm (vgl. Peter Selg: *Eugen Kolisko*. In: *Anfänge anthroposophischer Heilkunst*. Dornach 2000, S. 123ff., sowie Peter Selg (Hg.): *Eugen Kolisko – Vom therapeutischen Charakter der Waldorfschule. Aufsätze und Vorträge*. Dornach 2002). Bei den von Rudolf Steiner vorgeschlagenen alljährlichen Zusammenkünften der ehemaligen Schülerschaft mit den Lehrern («Kommen Sie von nun an jedes Jahr um diese Zeit an die Schule und tauschen Sie mit Ihren Lehrern Ihre Erfahrungen im Leben aus. Die Lehrer selber werden Ih-

nen dann Vorträge halten und Ihnen mitteilen, was sie selber inzwischen erforscht haben. So wird mit der Zeit eine Art Hochschul-Fortbildung im Geiste der Waldorfschule entstehen.»; s. o.) sprach Eugen Kolisko regelmäßig, bis zu seinem Verlassen der Stuttgarter Waldorfschule im Sommer 1934.

56 Christoph Boy (1887–1934) war seit 1921 Lehrer an der Stuttgarter Waldorfschule.

57 Der Brief Ita Wegmans (1876–1943), der Leiterin der Medizinischen Sektion am Goetheanum und engen Mitarbeiterin Rudolf Steiners, an den Stuttgarter Waldorflehrer Ernst Lehrs (1894–1979) wurde von mir erstmals in der Wochenschrift «Das Goetheanum», Nr. 31/32, 1.8.2004 (S. 7–9) mit einem redaktionell leicht gekürzten Kommentar publiziert. In seiner unveränderten Form trug mein Briefkommentar den folgenden Wortlaut: «Ita Wegman wandte sich zu Anfang des Jahres 1931 an Ernst Lehrs, fünf Monate nach der großen anthroposophischen Jugendveranstaltung von ‹Kamp de Stakenberg›, an der sie – wie auch Ernst Lehrs – unterrichtend teilgenommen hatte; einer Veranstaltung, zu der über 1000 junge und freiheitlich gesonnene Menschen trotz der sich abzeichnenden nationalistisch-faschistischen Entwicklungen noch einmal aus verschiedenen europäischen Ländern zusammengeströmt waren (‹Zu Fuß, zu Rad, auf alle Art kamen sie. Siebenhundert fremde junge Menschen, dreihundert Mitglieder, tausend im ganzen. Es war erschütternd zu erleben, unter welchen Opfern sie gekommen waren. Arbeitend zogen sie von Ort zu Ort, manche wochenlang unterwegs. Dreihundert Deutsche, zweihundert Holländer, achtzig Engländer usw., ein Chinese, eine Negerin, ein Inder. Nie konnte ich so frei reden.› W. J. Stein) und die der holländische Psychiater Willem Zeylmans van Emmichoven mit den Worten eröffnet hatte: ‹Es gibt heute viele Menschen, die sagen, ‚es muss anders werden‘, die diese Worte aus einer Verzweiflung heraus sprechen. Denn man spürt, sie möchten alles umwälzen. Das kann man gut verstehen, besonders wenn man diesen Menschen gegenübersteht. Aber auf diese Art wird man nicht weiterkommen. Denn man könnte sich fragen, wie wird dann das Nächste ausschauen, wenn es geboren sein wird aus einem Impuls des Umsturzes? Wir glauben, dass gerade das

Kommende nur dann wird leben können, wenn man durchschauen lernt, welche Kräfte für unsere Zivilisation notwendig sind. Man kommt dann zu einer geistigen Erkenntnis, und aus dieser Erkenntnis heraus wird man dann sagen können: „Jetzt durchschaut man, dass eine Metamorphose stattfinden soll. Es handelt sich nicht um neue Systeme, sondern um neue Menschen.'› – Ita Wegman wandte sich zu Anfang des Jahres 1931 an Ernst Lehrs, zu Beginn eines Jahres, das die Auflösung der Freien Anthroposophischen [Jugend-]Gesellschaft mit sich bringen sollte; sie schrieb am 20. Januar, fünf Tage nach dem Brief Maria Röschls an Albert Steffen, mit dem die hochbefähigte Leiterin der Jugendsektion am Dornacher Goetheanum ihr Amt an den Vorstand zurückgegeben hatte, was Wegman zur Zeit der Briefformulierung noch keineswegs bekannt war; sie schrieb in einer Zeit, in der sich die hoffnungsvoll und zielstrebig begonnenen Jugendinitiativen aus einer Anthroposophischen Gesellschaft zurückzogen oder vielmehr zurückziehen mussten, die ihr keinen wirklichen Raum und kein spirituell-geschichtliches Verständnis mehr entgegenbrachte, sich vielmehr in Gesellschafts-Aggression, Selbstbezogenheit und Selbstauflösung unlösbar verstrickte. Ita Wegman, damals noch Schriftführerin des esoterischen Vorstandes und selbst Opfer dieser Vorgänge, schrieb zu Beginn eines Jahres, in dem Adolf Hitler Baldur von Schirach zum Reichsjugendführer der NSDAP – im Rang eines SA-Gruppenführers – ernennen sollte, ein Jahr, in dem die Reichsführung der Hitlerjugend (HJ) nach München verlegt und die NS-Jugendarbeit stärker zentralisiert wurde, ein Jahr, in dem schließlich das ‹NS-Manifest der Jugend› erscheinen sollte, das mit den Worten anhob: ‹Wir, Deutschlands Jugend, wir, das kommende Geschlecht, wir, als die Jungen der Arbeit und der Tat erheben zum Zeichen des erwachenden Deutschlands die rechte Hand zum Gelöbnis deutscher Jugend im Jahre der Unehre, der Schmach und der Versklavung unseres Volkes 1931. – Wir, als Kinder des Krieges, zur Tat und Erkenntnis gereift, senken die Fahnen, gedenken unserer für die freie deutsche Scholle im Felde der Ehre gefallener Väter und Brüder. – Wir, die wir deutschen Blutes und deutscher Rasse sind, klagen an! Wider Recht und Gesetz wurde

Deutschlands Jugend in der Gefolgschaft Adolf Hitlers mit Verbot, Terror und Willkür verfolgt! Trotz allem! Wir bleiben für immer der Fahne treu! Wir sind gewillt, unser rechtmäßiges Erbe anzutreten!› Wenig später sollte dann Adolf Hitler in Deutschland definitiv an die Macht gelangen und seine eigenen ‹pädagogischen› Intentionen realisieren, die er bereits seit 1922 (mit der Schaffung einer straffen Partei-Jugendorganisation) energisch verfolgt hatte; sämtliche freien Jugendvereinigungen wurden auf seine Anweisung hin bereits 1933 aufgelöst und verboten und alles Künftige auf eine HJ zentriert, die die völlige Übernahme und ideologisch-praktische Kontrolle der Jugendentwicklung anstrebte und zu einem großen Teil auch in die Tat umsetzte. In den programmatischen Worten Adolf Hitlers: ‹Diese Jugend, die lernt ja nichts anderes als deutsch denken, deutsch handeln, und wenn diese Knaben mit zehn Jahren in unsere Organisation hineinkommen und dort zum ersten Mal überhaupt eine frische Luft bekommen und fühlen, dann kommen sie vier Jahre später wieder vom Jungvolk in die Hitler-Jugend, dort behalten wir sie wieder vier Jahre. Und dann geben wir sie erst recht nicht zurück in die Hände unserer alten Klassen- und Standeserzeuger, sondern dann nehmen wir sie sofort in die Partei, in die Arbeitsfront, in die SA oder in die SS; in die NSKK und so weiter. Und wenn sie dort zwei Jahre oder anderthalb Jahre sind und noch nicht ganze Nationalsozialisten geworden sein sollten, dann kommen sie in den Arbeitsdienst und werden dort wieder sechs und sieben Monate geschliffen. Alles mit einem Symbol, dem deutschen Spaten. Und was dann nach sechs oder sieben Monaten noch an Klassenbewusstsein oder Standesdünkel da oder da noch vorhanden sein sollte, das übernimmt dann die Wehrmacht zur weiteren Behandlung auf zwei Jahre, und wenn sie nach zwei oder drei Jahren zurückkehren, dann nehmen wir sie, damit sie auf keinen Fall rückfällig werden, sofort wieder in die SA, SS und so weiter, und sie werden nicht mehr frei ihr ganzes Leben.› (4.12.1938) – *‹Ich habe so das Gefühl, dass wir als Anthroposophen unsere Aufgabe nicht erfüllen, wenn man um sich herum sieht die Not der Menschenseelen und hauptsächlich die Not der Kinderseelen, die von allen Seiten her von bestehenden Organisationen gepackt*

werden, ihre jungen Gehirne modelliert werden nach bestehen-
den Maximen, sodass dann später gar keine Möglichkeit mehr
ist, das, was in diesem Alter an die Kinder herangekommen ist,
auf irgend eine Weise wieder wegzuschaffen und das was Rudolf
Steiner wollte: Schulen für Kinder zu bilden, damit Möglich-
keiten bestehen, durch eine richtige Pädagogik an den Kindern
wahre Menschen zu erziehen, nicht ganz zu dem kommt, zu dem
es eigentlich kommen müsste, weil die Waldorfkinder ebenso den
Gefahren der jetzigen Kultur ausgesetzt sind wie andere Kinder›,
so hatte Ita Wegman knapp acht Jahre vor Adolf Hitlers letzt-
zitierter Reichenberger Rede an Ernst Lehrs formuliert – und
zwei Jahre später in einem bilanzierenden Brief an Erich Kirch-
ner in das heilpädagogische Institut Schloss Hamborn unmittelbar nach der nationalsozialistischen Machtübernahme in
Deutschland geschrieben: ‹*Dass der Hitler an die Regierung ge-*
kommen ist, ist bös, aber da ist nun nichts daran zu tun. Wir wa-
ren doch zu schwach und das wird sich bitter rächen.› (5.2.1933).
– Ita Wegmans eindrucksvollen und geschichtlich hellwachen
Briefworte an Ernst Lehrs sind jedoch – über die damalige
Situation hinaus – auch als ein gültiges und zukunftsweisendes
Dokument einer originären Waldorfpädagogik im Sinne der
Erziehung für ein ‹Freies Geistesleben› anzusehen, sind Ver-
pflichtung, uneingelöste Aufgabe und Perspektive in einem.
Was Ita Wegman 1931 erneut anregen und wachrufen wollte,
lebte auch in Eugen Kolisko, der 1930 noch innerhalb der Stuttgarter Schule tätig war und es als im Rahmen seiner schulärzt-
lichen Aufgaben und Pflichten liegend erachtete, sich mit den
abgehenden Waldorfschülern zu treffen, über die ‹Weltlage der
Gegenwart› zu sprechen und mit ihnen über ihre persönliche
Situation und Aufgabe in dieser Lage nachzudenken – so noch
im Oktober 1930, in der Zeit zwischen dem «Kamp de Stakenberg» und Ita Wegmans Brief an Ernst Lehrs. – Verfolgt man
schließlich Rudolf Steiners vorausgehende Hinweise in den
pädagogischen Kursen und internen Lehrerbesprechungen der
Stuttgarter Schule in den Jahren 1919–1924, so wird deutlich,
dass der ‹*Kampf um jede einzelne Seele*› und das wache, sich
aussetzende Bewusstsein für die sich verändernde Situation der
Jugendlichen in ihrer Zeit zu den immanenten Voraussetzun-

gen einer Anthropologie des Jugendalters, das heißt zu einer wirklichen – daher auch glaubwürdig-authentischen – Erziehungskunst gehören und der Stuttgarter Waldorfschule von Anfang an durch Rudolf Steiner vermächtnishaft eingeschrieben worden waren. Gerade für das Jugendalter hatte Steiner immer wieder mit Nachdruck betont, wie zentral ein nicht-dozierender Unterrichtsstil und eine wirkliche Verbindung mit den Jugendlichen sei – er hatte wiederholt in der Stuttgarter Schule mit vielen der Jugendlichen persönliche Gespräche geführt und die Lehrer in ihren diesbezüglichen Fragen unermüdlich beraten, aber auch an Edith Maryon im Oktober 1922 nach Dornach geschrieben: ‹[…] Dass ich so lange von der Schule abwesend war, hat sich bitter gerächt. Die Lehrer haben den Kontakt mit der Schülerschaft der höheren Klassen ganz verloren. […] Könnte man sagen: die Leute haben nicht die Fähigkeiten! Nun ja. Aber daran fehlt es nicht. Es fehlt an Enthusiasmus, an aktiver Arbeitslust. Die Leute wollen Trott, Routine; sie wollen eine schwere Masse sein, nicht ein anfeuerndes Element. Im Grunde sind sie doch eben träge.› (263/1, 103) Wie später sämtliche Waldorfschullehrer hatte sich Rudolf Steiner (in Begleitung Ita Wegmans) noch 1924 mit den Schulabgängern der Waldorfschule getroffen und mit ihnen ihre je individuelle berufliche und biographische Perspektive beleuchtet; auch hatte er bereits drei Jahre zuvor, im Herbst 1921, die Einrichtung einer Lehrersprechstunde für Schüler sowie die dortige Besprechung von Weltanschauungsfragen begrüßt, durchaus auch mit anthroposophischem Akzent und ohne entsprechend-hypertrophe Ängste (‹Das können Sie nicht vermeiden, dass sie [die Sprechstunde] bei Weltanschauungsfragen einen anthroposophischen Charakter annimmt. Sie können es im Religionsunterricht vermeiden, und auch da kaum. In der Sprechstunde können Sie es nicht vermeiden. Es ist auch nicht nötig.› 300b, 50). Rudolf Steiner hatte immer wieder zur Gewinnung eines wachen pädagogischen Bewusstseins für die jeweilige Situation und die – bewussten wie unbewussten – Fragen der Jugendlichen aufgefordert, keinesfalls jedoch zur abgrenzungslosen, das heißt grenzüberschreitenden und zudem demonstrativ-pseudokameradschaftlichen Verschmelzung mit ihnen (einem entsprechenden Lehrer gegenüber hatte es von Steiners Seite einmal im Rahmen einer Besprechung über disziplinarische Vorfälle und Konsequenzen geheißen: ‹Da haben Sie gesagt zu den Schülern, Sie wollen mit ihnen nicht als Lehrer sprechen, sondern als Mensch zu Mensch. Das ist eine absolute Unmöglichkeit! Sie machen sie größenwahnsinnig. Die Schüler müssen das Gefühl haben, dass sie bei jeder Gelegenheit zu hören kriegen, man hat mit ihnen als Lehrer zu reden. Wenn Sie sich gleichstellen mit den Schülern, dann werden Sie nichts anderes als Rangen heranziehen, die Ihnen über den Kopf wachsen. Man wird bald ihr Stiefelputzer, wenn man das extra betont. […] Man braucht den Jungen nicht das Gegenteil zu sagen, aber man darf ihnen nicht den Glauben beibringen, dass man ebenso jung ist wie sie.› 300b, 132f.). Rudolf Steiner hatte in den ersten Jahren der Waldorfschule vor allen philiströsen Entwicklungen im Rahmen der Waldorfpädagogik gewarnt und ‹Weltmenschen› (300b, 211) – im Rahmen des Lehrerkollegiums und der Schülerschaft – erziehen wollen; von ihm waren in aller Klarheit alle Verfremdungs-Möglichkeiten der eigentlichen Waldorfpädagogik (‹Man kann das Gute leichter ins Gegenteil verkehren als das Schlechte.› 300b, 159) und die damit verbundene Verfehlung ihres gesamtzivilisatorischen Auftrags vorausgesehen worden – die Wege und Abwege ihrer pseudopopulär-anbiedernden Nivellierung und spirituellen Verflachung, aber auch ihrer potentiellen Sklerotisierung. Rudolf Steiner hatte all dies zu Beginn der 20er Jahre vorausgesehen, im Angesicht einer bereits damals bedrängenden politisch-gesellschaftlichen Gegenwart und Zukunft – er hatte, so steht zu vermuten, den kommenden Lebens- und mitunter auch Leidensweg der Schüler, die Abgründe und unausweichlichen Gefährdungen, die generationalen Aufgaben, Möglichkeiten und Irrwege sehr konkret vor Augen gehabt. Ita Wegmans jugendpädagogischer Brief an Ernst Lehrs, der knapp sechs Jahre nach Rudolf Steiners Tod geschrieben wurde, ist auch vor diesem, in gewisser Hinsicht schulimmanenten Hintergrund zu sehen – in seiner historischen Faktizität, aber auch seiner weitergehenden, noch immer aufgegebenen Perspektive, die Wegman wach halten oder wieder neu anregen wollte und die bis heute ihrer wirklichen Umsetzung entgegenharrt. Denn es ist kaum von der Hand zu weisen, dass Ita Wegmans Satz, demzufolge ‹wir ja doch aufpassen müssen, dass wir nicht allmählich die Jugend verlieren, auch die Jugend, die die Waldorfschule besucht hat, und auch die Jugend, die noch in der Waldorfschule sich befindet›, bis in die Gegenwart hinein trotz verschiedener Jugendinitiativen im anthroposophischen Bereich und einzelner Entwicklungen innerhalb der Waldorfbewegung wenig oder nichts von seiner beklemmend-beschämenden, mit Sicherheit aber gesamtgesellschaftlich gefährlichen Aktualität verloren hat. Die Lage der Jugendlichen zu Beginn des 21. Jahrhunderts scheint im Hinblick auf reale innere Gefährdungen dramatischer als je zuvor, in einem Zeitalter des hochtechnisierten, durchökonomisierten und vielfältig verführenden Materialismus, der alle weitergehenden Sinnentwürfe und sozialen Intentionen der völligen Absurdität anheim zu stellen droht und die von Ita Wegman beschriebenen *suchenden Seelen* immer wieder dem substantiellen Nichts überantwortet. Wie in der Gegenwart die untergründig existentiell wirksamen Kräfte der Kinder und Jugendlichen – jenseits metaphysischer Postulate und modernistischer Kompromisse – wirklich gefunden und erreicht werden können, ist im Bereich der Waldorfschulen noch immer eine offene und weithin ungelöste Frage. Im Sinne Ita Wegmans muss jedoch davon ausgegangen werden, dass nicht Identitäts- oder Modernitätsbemühungen jenseits der bereits als praktiziert und verwirklicht postulierten ‹Steiner-Pädagogik› das wirklich immanente Zeit-Gebot sind, sondern vielmehr die tatsächliche Einlösung einer in sich esoterisch schulenden und ‹ganz auf Menschenentwickelung und Menschenerkenntnis basierenden pädagogischen Methode› (300b, 158f.), die nicht zuletzt auch Organe für das Wirken des eigentlichen Zeitgeistes erschließt und in *seinem* Sinne die verantwortlich Lehrenden pädagogisch führt und befähigt. Die Pädagogik des Jugendalters hat – wie alle Pädagogik, aber in sehr spezifischer und gesteigerter Weise – mit der Zukunft zu tun, mit zukünftigen Seelenentwicklungen und Welttendenzen, die gegenwärtig erst im keimhaften Ansatz vorhanden sind; diese Pädagogik wird daher in dem Maße individuelle Realität und Können, in dem der einzelne Pädagoge selbst ein Wahrnehmungs- und Gestaltungsorgan für Zukunftskräfte in sich ausgebildet hat, in dem Maße, in dem er – esoterisch gesprochen – im Lichte Michaels zu leben und zu arbeiten beginnt. Ita Wegman jedenfalls, die von Rudolf Steiner eingesetzte Leiterin der Medizinischen Sektion und Mitarbeiterin (‹zweite Leiterin›) der Michaels-Schule, konnte den zitierten Brief schreiben und in ihm auf Möglichkeiten und Gefährdungen in dieser Weise ‹rechtzeitig› hinweisen, weil sie eine weit fortgeschrittene geistig-esoterische Schulung durchlaufen hatte, die michaelischen ‹Zeichen der Zeit› von innen her kannte und insofern wahrnehmungs- und handlungsfähig war. Ohne viel über diese Dimension ihrer Anfrage zu sprechen und vordergründig lediglich pragmatisch an den außergewöhnlich begabten Ernst Lehrs appellierend – von dem Wegman freilich wusste, dass er nicht nur den ‹Pädagogischen Jugendkurs› mit Rudolf Steiner und die Freie Anthroposophische Gesellschaft, sondern ganz wesentlich auch den esoterischen Jugendkreis mitverantwortlich zustande gebracht hatte –, lebte Ita Wegman doch in dem verbindlichen Bewusstsein, dass die großen Zivilisationsaufgaben nur mit wirklicher innerer Schulung gelöst oder zumindest verantwortlich bearbeitet werden können. Rudolf Steiners umfangreiche esoterische Hilfen für die Stuttgarter Lehrerschaft waren ihr absolut vertraut, auch jene Sätze aus seinem letzten Brief an das dortige Kollegium, die er noch zwei Wochen vor seinem Tode und nach Übersendung einer letzten Lehrer-Meditation im Atelier niedergeschrieben hatte: ‹So wollen wir denn die Gemeinsamkeit im Geiste um so inniger erstreben, so lange anderes nicht sein kann. Die Waldorfschule ist zwar ein Kind der Sorge, aber vor allem ist sie auch ein Wahrzeichen für die Fruchtbarkeit der Anthroposophie innerhalb des geistigen Lebens der Menschheit. Wenn die Lehrerschaft treu im Herzen das Bewusstsein trägt von dieser Fruchtbarkeit, dann werden die guten über dieser Schule waltenden Geister wirksam sein können, und in den Taten der Lehrer wird göttlich-geistige Kraft walten.› (260a, 405f.) All diese Worte und geistigen Wirklichkeiten standen hinter Ita Wegmans oft so schlichten Formulierungen und Brief-Akzenten – ‹um jede

148

Seele wird gekämpft. Wir müssen das wohl bedenken, und die Lehrer haben eine große Verantwortung diesen Seelen gegenüber.› – Hilfreich, wenn nicht vorbildgebend für die Zukunft kann schließlich auch noch der generelle Ton und das Vorgehen Ita Wegmans sein, das zumindest am Rande Beachtung finden sollte. Sie, der in anthroposophischen Gesellschaftszusammenhängen seit Rudolf Steiners Tod immer wieder schwerste Machtanmaßung und -ausübung vorgeworfen wurde, brachte ihre intensiven, wenn nicht existentiellen Herzens-Überlegungen gegenüber Ernst Lehrs keinesfalls im imperativ-bedrängenden, sondern vielmehr freilassenden Stil zur Sprache; einem Stil, der Raum für den suchenden Dialog und das eigenverantwortliche Handeln eröffnete, zugleich von wirklicher innerer Bescheidenheit und echter Moralität geprägt war: *‹Hoffentlich nehmen Sie es mir nicht übel, dass ich das geschrieben habe. Es ist nichts anderes gemeint, als von Ihnen zu hören, was Sie selber darüber denken und von Ihren Erfahrungen zu hören.›»*

Auswahl weiterer Veröffentlichungen von Peter Selg im

Vom Logos menschlicher Physis
Die Entfaltung einer anthroposophischen Humanphysiologie
im Werk Rudolf Steiners
Dornach ¹2000

Anfänge anthroposophischer Heilkunst
Ita Wegman, Friedrich Husemann, Eugen Kolisko, F. Willem
Zeylmans van Emmichoven, Karl König, Gerhard Kienle
Dornach 2000

Eugen Kolisko – Vom therapeutischen
Charakter der Waldorfschule
Dornach 2002

Gerhard Kienle – Leben und Werk
Dornach 2003

Mysterium cordis
Studien zu einer sakramentalen Physiologie des Herzorgans
Dornach 2003

Krankheit, Heilung und Schicksal
des Menschen
Über Rudolf Steiners geisteswissenschaftliches
Pathologie- und Therapieverständnis
Dornach 2004